나를 위해 조금 강하게 살기로 했다

나를 위해 조금 강하게 살기로 했다

초판 1쇄 발행 2019년 3월 25일

지은이 | 요코야마 노부히로
옮긴이 | 이용택

발행처 | 이너북
발행인 | 이선이

등록 | 제 313-2004-000100호
주소 | 서울시 마포구 독막로 27길 17(신수동)
전화 | 02-323-9477 **팩스** | 02-323-2074
E-mail | innerbook@naver.com
블로그 | http://blog.naver.com/innerbook
페이스북 | https://www.facebook.com/innerbook

ⓒ요코야마 노부히로, 2019
ISBN 979-11-88414-07-9 03320

나를 위해 조금 강하게 살기로 했다

조금 더 나은 나를 위한
세 가지 연습

요코야마 노부히로 지음 | 이용택 옮김

●이너북

'강한 사람'은 어떤 사람인가

불안이나 공포에 흔들리지 않고, 냉정함을 유지하는 사람.

실패나 리스크에 흔들리지 않고, 도전 정신이 왕성한 사람.

곤란함이나 부담에 흔들리지 않고, 해결책을 차분히 생각하는 사람.

주변의 목소리에 흔들리지 않고, 자기만의 생각을 지닌 사람.

누구든 이런 사람을 '강한 사람'이라 느낄 것이다. '강한 사람'이라는 말에서 연상할 수 있는 이미지는 강인한 육체와 굳센 정신, 혹은 강한 승부욕 등 천차만별이겠지만 나는 **'강한 사람'이라는 말에 상위 개념이 있다고 생각하고, 그 상위 개념은 바로 '흔들리지 않는 사람'**이라고 생각한다.

'강한 사람'이라는 말을 들었을 때 대단한 권력을 가지고 있는 사람을 떠올릴 수도 있다. 하지만 냉정하게 생각해 보자. 권력자에게는 흔들리지 않는 권력이 있을 뿐이지, 그가 반드시 강한 사람인 것은 아니다.

누구나 '강한 사람'으로 변화할 수 있다

나는 기업 현장에 들어가 목표를 반드시 달성시키는 컨설턴트다. 내가 사장직을 맡고 있는 ㈜어택스세일즈어소시에이츠ATTAX SALES AS-SOCIATES는 '세계 1위의 영업 지원 회사'라는 이념을 내걸고 컨설팅 사업을 하고 있다. NTT도코모, 소프트뱅크, 산토리 등 대기업부터 지방에서 활약하는 작은 기업까지 다양한 기업을 지원했다.

또한 우리 회사는 사장인 나 외에도 강연과 세미나를 연간 200회 이상 의뢰받는 컨설턴트가 두 명, 150회 이상이 세 명, 100회 이상이 두 명 있다. 많은 기업들로부터 지지받고 있는 컨설턴트들을 보유하고 있는 회사라 할 수 있다.

어느 언론 관계자로부터 "요코야마 씨, 혹시 야마키타 요헤이 씨와 같은 회사에 다니세요?"라는 질문을 받은 적이 있다. 같은 회사고 뭐고, 야마키타 요헤이는 내 부하다.

야마키타 요헤이山北陽平는 일본에서 '독자가 뽑은 비즈니스서 그랑프리 2018'에서 8위에 오른 베스트셀러『결과를 내는 리더는 흔들리지 않는다結果を出すリーダーほど動かない』의 저자인 그 사람이다. 그는 '벽 경영'이라고 불리는 독자적인 경영 수법을 세상에 내놓고 지금까지 책을 세 권이나 출간하는 등 활발히 활약하고 있다. 지금은 주간지나 신문 등 언론에서 내가 아니라 야마키타를 찾는 연락이 자주 온다.

그런 야마키타도 **처음에는 지금처럼 강한 사람이 아니었다.** 이전에는 뮤지션이었고 휴대전화 판매 업무를 하기도 했던 야마키타는 우리 회사에 들어오고 나서 혁신적으로 달라졌다.

일하는 여성을 응원하는 '논리적이고 귀여운 여성을 지향하는 모임ロジかわ会:ロジカルで可愛い女性をめざす会'을 결성한 야마모토 나쓰미山本なつみ도 내 부하가 된 후로 활동의 영역을 부쩍 넓혔다. 킨설딩 업무를 수행하는 한편, 100명 이상이 활동하는 여성 모임을 이끌고, 책을 출간하고, 온라인 여성지에 칼럼을 집필할 만큼 유명해졌다.

언론에 잘 노출되지 않는 부하들 중에도 현장에 들어가면 1조 엔 규모 기업의 부장들을 수십 명 지휘하며 압도적인 성과를 꾸준히 내고 있는 사람들이 있다.

입사 당시에는 평범했던 내 부하들이 몇 년이 지나자 더 힘든 일이나 더 부담스러운 일에 과감히 도전하게 되었다. 사람들 앞에 서서 이야기하는 것조차 힘들다고 말했던 부하도 1년 후에는 100명의 청중을 두고 강연할 수 있는 사람으로 성장했다.

클라이언트 기업에 높은 목표를 설정하게 하고 그 목표를 반드시 달성시키는 내 부하들은 당연히 '강한 사람'이다.

그런 '절대적 컨설턴트'의 집단을 이끌고 있는 나는 2015년부터 일반 기업의 경영자가 참가할 수 있는 '절대 달성 사장의 모임'을 결성했다. 일본에서 가장 달성 의욕이 높은 경영자들이 모이는 이 모임은 전국으로 확대되어 나가고 있다.

회원 수가 600명이 넘는 이 '절대 달성 사장의 모임'의 회원들은 대부분 '강한 사람'이다. 달성하고자 하는 높은 목표를 많은 사람들 앞에서 프레젠테이션하는 과제를 아침 7시부터 부여받기 때문에, 비즈니스에 자신감이 없는 경영자는 이 모임에 발을 들여놓지 못하고 주저할 수밖에 없다.

경영자가 아닌 회사원이 회원으로 들어와 1년이 채 되기 전에 창업하기도 했다. 걷기조차 귀찮아하던 사람이 '절대 달성 러닝 클럽'이라는 동아리를 결성해서 풀코스 마라톤에 도전하기도 했다. 풀코스 마라톤을 여러 번 뛴 경험을 바탕으로 울트라마라톤과 트라이애슬론까지 도전한 회원도 있다. 근육 트레이닝을 전문으로 다루는 잡지 『TARZAN』의 표지를 장식한 사람, 부동산 투자에 성공해서 자산을 3억 엔까지 늘린 회사원도 있다.

어느 순간부터 자신을 변혁해서 이전에는 상상조차 하지 못했던 '새로운 자신'을 손에 넣게 된 사람들이 내 주변에는 많다. 해마다 그 수는 점점 늘어나고 있다.

이처럼 자신을 변화시켜 새로운 자신을 손에 넣는 사람들에게는 공통점이 있다. 그것은 바로 강인함, 즉 **변화에 흔들리지 않는 마음의 견고함**이다. 그 점이 무엇인지 보다 구체적으로 밝혀서 독자 여러분에게도 그 강인함을 선사하고자 하는 것이 이 책을 쓰는 나의 사명이라 생각한다. 독자 여러분은 막연한 불안에 사로잡혔던 자신을 바꾸고, 어떤 일에도 흔들리지 않는 자신을 손에 넣을 수 있게 될 것이다. 그리고 변화 자체를 즐길 수 있게 될 것이다.

변화를 싫어하는 '약한 사람'들

'강한 사람'으로 태어난 사람은 소수다. 별다른 노력 없이도 리스크 있는 행위를 결심하고, 실제로 행동하고, 벽에 부딪쳐 쓰러져도 금방 일어나 부단히 노력할 수 있는 사람은 많지 않다.

우리 컨설턴트들은 클라이언트 기업의 의식을 바꾸는 것만을 목적으로 삼지 않는다. 직원의 의식뿐 아니라 행동도 바꾸고, 안정적으로 목표를 달성하는 조직으로 탈바꿈할 때까지 타협하지 않는다. 끝까지 매달린다. 즉 우리 컨설턴트들의 업무는 현장의 사람들을 **새로운 일이나 목표에 도전해야만 하는 상황에서도 흔들리지 않는 강한 사람으로 바꾸어 나가는 것**이다. 물론 그것은 쉬운 일이 아니다. 앞에서 말했듯이 '강한 사람'은 그다지 많지 않기 때문이다.

특히 힘겨워하는 사람들이 있다. 바로 베테랑 중간관리자들이다. 지금까지 자신들이 해 온 방식을 부정당하기 때문에 유쾌한 기분이 들지는 않을 것이다. 마구 몸부림치며 저항하다가 적당한 핑계를 대고 그만 두는 사람들도 있었다. 하지만 이들이 중도에 탈락한 진짜 이유는 변화, 즉 새로움에 대한 불안감을 이기지 못하여 변화를 따라가지 못했기 때문이다. 즉 변화에 대한 자기 자신의 역량 부족 때문이다.

그러면 변화를 싫어하는 저항 세력은 어느 정도의 비율로 존재할까? 안타깝게도 대부분의 직원은 저항 세력에 해당한다. 경영층은 늘 위기감을 느끼고 변화하려 한다. 젊은 세대는 아직 유연한 발상이 남아 있어서 변화에 거부감이 없다. 하지만 중간관리자는 거의 대부분 변화에 저항한다.

이런 이야기를 언론 인터뷰나 강연회 등에서 하면 "믿을 수 없네요. 요즘은 누구나 자기 변혁이 중요하다고 외치는 시대인데요."라는 말을 듣는다. 그러나 나는 정색하며 대답할 수밖에 없다.

"이게 기업의 현실입니다. 못 믿겠으면 직접 현장을 보러 오시겠습니까?"

앞으로의 시대에 요구되는 '강인함'은 무엇인가

우리는 지금 격동의 시대를 살고 있다. 산업구조가 변화하고, 국제 정세가 불안정해지고, 생활 방식이 크게 달라졌다. **세상의 암묵적인 상식(패러다임)이 간단히 뒤집혀도 이상하지 않다.** 게다가 이 패러다임 시프트의 진원지가 주로 '기술의 변화'라는 점을 생각하면, 앞으로도 사회 곳곳에서 엄청난 속도의 지각변동이 이어질 것이 확실하다. **이런 시대일수록 우리는 변화에 흔들리지 않는 강인함을 몸에 익혀 내야 한다.**

'타고난 성격을 이제 와서 어떻게 바꾸란 말인가? 나와는 상관없는 이야기다.' 이렇게 생각하는 사람이 많을지도 모르겠다. 하지만 사람이 자신의 성격이라고 생각하는 것의 대부분은 과거의 경험에 의해 만들어진 뇌의 사고 프로그램, 즉 생각의 버릇 같은 것에 불과하다. 성격은 대부분 **후천적으로 만들어진 것이므로 마음먹기에 따라 충분히 바꿀 수 있다는 말이다.**

이렇게까지 단언할 수 있는 이유는 내가 직접 경험했기 때문이다.

나는 지금 세계 1위의 영업 지원 회사를 목표로 삼는 컨설팅 집단의 경영자, 일본에서 가장 달성 의욕이 높은 경영자들의 모임을 이끄는 대표로 불리고 있지만, 그런 나도 서른다섯 살까지는 정말로 부끄럽게도 불량 회사원이었다. 조직에 제대로 공헌하지 못하던 그저 소극적이고 무기력한 '약한 사람'이었다. 업무 실수 때문에 직장에 아무도 남아 있지 않을 때까지 잔업을 하기도 했고, 휴일에 출근해서 컴퓨터 앞에서 몇 시간이고 멍하니 앉아 있기도 했다. 현실도피를 하려는 생각도 강했다. 어려운 업무를 맡으면 도망치고 싶어져서 "저한테는 벅찬 일입니다.", "저는 할 수 없습니다."라고 말하고 다른 직원에게 떠넘기기도 했다. 그래 놓고도 고맙다는 인사도 한마디 하지 않았다. 아침 8시부터 밤 11시까지 사무실에 있어도 내가 처리할 수 있던 업무량은 다른 직원의 10퍼센트도 되지 않았다.

이런 심각한 상황에 공감하는 독자는 적겠지만 나는 마음의 병을 앓고 있던 것도 아니고 회사에 반항심을 품고 있던 것도 아니다. 조직에 공헌하고 싶다는 생각은 강하게 가지고 있었지만 몸이 움직이지 않았다. 해내야 한다고 머리로는 생각했지만 해야 할 일을 하지 않고 멍하니 하루하루를 보낼 뿐이었다.

30대 초반부터 몸 상태가 늘 나빴다. 위가 아픈 게 나았나 싶으면 편두통이 심해졌고, 허리와 등의 통증에도 시달렸다. 감기에 한 번 걸리면 좀처럼 낫지 않는 허약한 사람이었다. 아내가 첫째를 출산할 때에도 나는 진통에 괴로워하고 있는 아내를 곁눈질하면서 줄곧 기침을 해 댔다. 3주 동안이나 감기가 낫지 않아 고생하고 있었던 것이다. 첫 출산에 대한 불안과 공포에 떨던 아내가 "괜찮아? 힘들면 좀 쉬어." 라고 나에게 말했을 때 나는 스스로에게 표현하기 힘들 만큼 커다란 한심함을 느꼈다.

그 첫째가 태어난 지 3개월이 지났을 때 나는 히타치제작소를 퇴직 했다. 서른다섯 살 때였다. 이직할 곳을 찾지 못하고 날마다 대낮부터 세 가족이 함께 지내던 나날은 나에게는 지옥이었다. 일도 하지 않는 데 몸까지 나빠서 병원에도 자주 다녔다. 그러다 보니 약사와 안면을 틀 정도였다. 약사는 내 얼굴을 마주할 때마다 "이번에는 꽃가루 알 레르기인가?", "오늘은 무릎이 아프다고?", "양손이 저려?", "헤르페 스?"라면서 마치 벌레를 씹은 듯한 표정으로 나를 흘겨보았다.

이직 자리가 정해지기 전에 일본국제협력기구JICA 고마가네 훈련소 부근에서 청년해외협력대JOCV 동창회가 열렸다. 나는 예전에 청년해 외협력대의 일원으로서 중미의 과테말라에 부임해 3년 동안 지낸 적 이 있다. 귀국한 지 10년이 지나 다시 만난 청년해외협력대의 동창들 은 다들 열심히 살고 있었다. 외무성의 업무를 하청받아 전 세계를 돌 아다니는 사람도 있었지만, 대부분은 일본 사회에 복귀해 각자의 분 야에서 활발히 활약하고 있었다. 나는 가시방석에 앉아 있는 듯한 거 북함을 느꼈다. 동창회 도중에도 분주하게 업무 전화를 받는 동창들 의 모습은 화려해 보였다. 나의 휴대전화 주소록에는 아내의 전화번 호밖에 들어 있지 않았고, 특별히 전화를 걸 사람도 없었다.

그런 내가 지금은 열다섯 권의 책을 출판했고, 세 개의 칼럼을 연재하고 있고, 연간 100회 이상의 강연을 하고 있다. 컨설팅 사업의 경영자이자 '절대 달성 사장의 모임'의 대표도 맡고 있다. 한 달에 100킬로미터를 달리고, '절대 달성 피트니스'라는 근육 트레이닝 동아리의 동료와 날마다 트레이닝 실적을 서로 보고한다. 요새 몇 년 동안에는 감기에 걸린 적도 없다. 변하지 않은 것은 나와 아내의 관계 정도다. 그 외에는 비즈니스든 건강이든 완전히 180도 변했다. 내 정신은 강해졌고 탄력성도 뛰어난 상태가 되었다. 스스로를 비하하거나 남을 원망하는 일도 전혀 없어졌다. 이처럼 **사람은 강력하게 변화할 수 있다.** 이는 나에게만 해당되는 이야기가 아니다.

'강한 사람'으로 변화할 수 있도록 도와주는 과학적 도구

그러면 어떻게 해야 '강한 사람', '흔들리지 않는 사람'이 될 수 있을까? 내가 평소에 컨설팅 현장에서 사용하는 **NLP**neuro-linguistic programming. 신경언어프로그래밍의 방법을 중심으로 그 기술을 설명하겠다. **논리적이고 구체적인 방식**으로 설명할 것이다.

지금 서점가에는 인공지능AI 등을 언급하는 미래 예측 도서가 넘쳐나고 있다. 하지만 대부분 미래에 대한 불안과 위기감을 부추길 뿐, 구체적으로 어떻게 대처하면 좋을지에 대해서는 확실히 대답하지 못하고 있다는 인상이 짙다. 그런 모호함도 이 책을 읽으면 분명히 사라질 것이라고 자부한다.

이 책의 내용은 나 자신은 물론 수많은 클라이언트와 수강생 및 부하 직원들이 **오랜 시간에 걸쳐 자기 변혁을 해온 노하우와 기술**이다. 특히 주목해야 할 부분은 제4장에서 소개하는 '과거 체험을 고쳐 적는 기술'이다. 변화를 싫어하고 거부하는 '약한 사람'의 커다란 특징 중 하나가 과거의 저주에서 벗어나지 못하는 것이다. 이는 컨설팅 현장에서는 사용하지 않는 기술이지만 임팩트가 매우 강하다. 우선 '일상에서 새로운 자신을 지향하며 조금씩 변화해 가는 것'을 목표로 삼고, 이에 익숙해지면 '과거의 자신'을 바꿔 나가는 기술이다. 흔히 타인과 과거는 바꿀 수 없다고 말하지만 이 기술을 활용하면 **타인도 과거도 바꿀 수 있다.** '사실'은 바꿀 수 없지만 '인식'은 바꿀 수 있기 때문이다. 이런 임팩트 있는 지식들을 손에 넣는다면 당신은 이미 '강한 사람'의 대열에 들어선 셈이다.

'강한 사람'으로 변화하기 위한 네 가지 방법

이 책은 네 장으로 구성되어 있다.

제1장에서는 격동의 시대에 들어서면서 달라진 '강한 사람'의 정의에 대해 상세히 설명한다.

제2장에서는 변화에 흔들리지 않는 사람이 되기 위한 방법 중 초급편으로, 지식으로 자신의 감정적인 취약성을 극복하는 방법을 소개한다. 자신을 변화시키려면 정신력이나 근성이 필수가 아니라, 지식을 탐욕적으로 흡수하고 논리적 사고력을 키우는 것이 더 중요하다. 그

것만으로도 충분히 변화의 기회를 잡을 수 있다.

제3장은 중급편이라고 할 수 있다. 자기 변혁을 할 수 있는 사람이나 변화에 흔들리지 않는 사람이 되려면 오랜 습관에 의해 굳어진 자신의 사고 프로그램을 의식적으로 갱신해야 한다. 그러기 위해서는 스스로에게 새로운 자극(임팩트)을 꾸준히 주어야 한다. 제3장의 키워드는 'DO SOMETHING NEW무언가 새로운 일을 한다'이다.

제4장은 자기 변혁의 궁극적 방법을 소개하는 상급편이다. 제4장에서는 '과거의 기억을 고쳐 적는 방법'을 훈련 형식으로 설명한다. 많은 사람은 아마 제3장까지의 내용만으로도 '변화를 즐길 수 있는 사람'에 가까워질 것이다. 하지만 아무리 노력해도 괴로운 기억의 굴레에서 벗어나지 못하고 있다면 제4장에서 설명하는 방법을 시도해 보기 바란다.

사람은 과거에 사로잡혀 있을 필요도 없고, 미래의 중압감에 억눌릴 필요도 없다. 인식을 바꾸면 과거에서 해방되고, 변화에 강한 사람이 되면 미래는 희망으로 넘쳐날 것이다. 이 책과의 만남을 계기로 즐겁고 행복하고 신나는 인생을 보낼 수 있기를 바란다.

⚡ Chapter 1. '강한 사람'의 새로운 정의

⚡ Chapter 2. 지식으로 무장하라

Chapter 3. DO SOMETHING NEW

Chapter 4. 과거의 굴레에서 벗어나라

'강한 사람'의 새로운 정의

"강점은 환경에 따라 달라진다.
영구적인 강인함을 길러야 한다.
그러므로 변화해야 한다."

BE STRONGER

격동의 시대를 헤쳐 나가기 위해 필요한 것

　요즘 세상은 변동성volatility, 불확실성uncertainty, 복잡성complexity, 모호성ambiguity의 머리글자를 딴 **뷰카**VUCA**의 시대**라고 일컬어진다. 무시무시한 기세로 변화를 거듭하는 시대인 것이다.

　정치적인 면을 본다면 미국의 트럼프 정권 탄생과 영국의 EU 탈퇴 등 지식층의 관점에서는 '벌어져서는 안 되는 사태'들이 실제로 벌어졌다. 산업구조 측면에서는 전자상거래가 소매업계와 물류업계에 충격을 가져왔고 신흥국의 대두로 인해 일본 국내 제조업이 쇠퇴했다. 금융·경제 면에서는 핀테크fintech. 금융과 정보 기술이 결합한 서비스가 맹위를 떨쳤고, 국적 없는 가상화폐가 등장했다. 개인 간 중고품 거래 서비스 메르카리mercari와 숙박 공유 서비스 에어비엔비airbnb 등 공유 경제sharing economy가 확대되었고, 일본 경제의 허브를 담당하면서 줄곧 압도적인 강자로 자리매김하던 초대형 은행들이 대규모 구조조정을 단행했다. 업무

방식도 크게 변화했다. 부업이나 겸업이 용인되기 시작했고 워크 라이프 밸런스work-life balance. 일과 삶의 균형나 인권에 대한 의식도 높아졌다. 고용 유연화가 진행되고 프리랜서의 수가 증가하면서 과거에 일본의 고도 경제성장을 뒷받침하던 종신고용제가 종언을 맞이했다. 겨우 10년 전에 등장한 스마트폰이 일상생활에 끼친 영향력도 막대하다. 정보와 접하거나 커뮤니케이션을 취하는 방법이 극적으로 변화했다.

이러한 변화 사이클은 앞으로 **인공지능AI이나 로봇 기술의 성능 향상과 범용화**commoditization에 의해 더욱 빨라질 것이다. 한 사이클의 변화 폭도 확대될 것이다.

그와 동시에 일본은 **초고령화 사회**와 **인구 감소**라는 심각한 문제를 안고 있다. 사람은 역사를 통해 배울 수 있다고 하지만, 인구의 30퍼센트 가까이가 65세 이상인 사회는 인류 역사상 최초의 형태다. 그리고 이에 따라 사회보장 방식도 역사상 유례를 찾아볼 수 없는 형태로 달라질 것이다.

나는 이러한 **격동의 시대로의 진입**을 우려할 생각도 없고 찬미할 생각도 없다. 하물며 미래학자처럼 10~20년 후의 사회를 예측할 생각은 더더욱 없다. 다만 다양한 영역에서 우리가 지금까지 정답이라고 여겨 왔던 상식들을 뒤집어야 하는 상황이 많아졌으며 앞으로도 그런 상황이 늘어날 것임을 부정할 수 없다.

나의 유일한 고민은 '앞날이 불투명하고 변화가 심한 이 시대를 어떻게 헤쳐 나가야 행복한 삶에 가장 확실히 다가갈 수 있느냐?' 하는 문제다. 아무리 고민해 봐도 그 문제에 대한 답은 **어떤 환경에 놓이더라도 흔들림 없이 유연하게 스스로를 변화시키며 적응해 가는 것**이 아닐까 싶다.

⚡

개인이든 기업이든 강점은 금세 진부해진다

비즈니스계에서는 '강점'이라는 말을 흔히 사용한다. 회사의 강점이란 타사에 비해 우수한 지식, 기술, 인재를 말한다. 개인 차원이라면 강점은 남들보다 뛰어난 재능과 기술을 가리키는 것이 일반적이다.

그러나 앞으로의 시대에는 강점이라는 말의 의미가 달라진다. 강점은 더 이상 기업이나 개인의 가치를 절대적으로 결정짓는 어떤 요소가 아니다. 왜냐하면 **어떤 절대적인 강점 요소는 환경 변화로 인해 이내 진부해지고 때로는 그것이 족쇄로 작용해 약점으로 바뀔 수도 있기 때문**이다.

가마쿠라鎌倉 투자신탁의 가마타 야스유키鎌田恭幸 사장은 "오늘날은 정답을 찾을 수 있는 방정식이 존재하는 시대가 아니다."라고 말했다. 그의 말마따나 앞으로는 더욱 **과거에 정답이었던 것이 더 이상 정답이 아니게 되는 시대**이다.

내 주변에는 금융기관이나 외국 자본계 컨설팅 회사에서 근무하는 지인이 많다. 유명한 대학교를 졸업하고 오랫동안 대기업에서 근무하다가 퇴사해서 기업교육 강사가 된 사람도 있다.

이들은 풍부한 지식, 논리적 사고력, 높은 커뮤니케이션 능력 등 직장인으로서의 강점을 많이 지닌 사람들이다. 하지만 이들에게는 약점이 있다. 그것은 바로 좌절의 경험이 부족하다는 점이다.

내가 아는 어느 전직 은행원은 구조조정을 단행한 초대형 은행에 염증을 느껴 퇴사했다. 그는 앞으로 중소기업을 도와주는 일을 하고 싶다면서 컨설턴트가 되었지만, 중소기업이라는 약자의 입장을 잘 이해하지 못했다. 그는 실적 나쁜 중소기업의 경영자에게 거만한 표정으로 "왜 이렇게 당연한 일을 하지 못합니까?"라는 식으로 말했다. 그런 무례한 태도로 말하면 아무리 그것이 옳은 말이더라도 상대방에게 받아들여지기 힘들다.

그는 커다란 조직 안에서 남들과 어울리는 능력은 높았지만, 공감력이 부족하고 개인적 매력으로 남들을 끌어당기는 힘이 낮았다. 결국 2년도 채 되지 않아 컨설턴트를 그만두고 민간 기업으로 이직할 수밖에 없었다.

오랫동안 수치, 데이터, 통계만 접하다 보면 사람을 대하는 방법을 잊어버리기 십상이다. 세무사나 회계사는 대상을 논리로 생각하는 능력이 뛰어나다. 하지만 그 강점은 접대나 서비스를 중시하는 환경에서는 도리어 약점으로 작용할 수 있다.

⚡

강점은 환경에 따라 달라지지만 강인함은 영구적이다

나는 컨설턴트로서 지금까지 13년 동안 대기업부터 소규모 기업까지 수많은 기업을 컨설팅해 왔다. 그중에는 외부 환경 변화에 따라 자사가 보유한 강점의 효과가 점점 약해짐에도 불구하고 **과거의 성공 체험이나 기득권에 안주해 스스로를 개혁하지 못하는 바람에 실적이 떨어진** 기업이 허다했다. 글로벌 기업도 예외가 아니다. 외양이 너무 거대해진 나머지 산업구조의 변화를 쫓아가지 못하고 도태된 기업의 사례는 일일이 말하기도 어려울 만큼 많다.

비즈니스에서 본질적으로 중요한 것은 수단으로서의 '강점'이 아니라, 상태로서의 '강인함'이다. 강인함이라고 하면 보통 심지가 확고하고 굳센 상태를 연상하게 된다. 그러나 거듭 말하지만 오늘날처럼 변화가 극심한 시대에 확고하고 굳센 상태를 고집하는 것, 즉 **변화하지 않는 것은 그저 리스크에 불과하다.**

그것은 기업이나 집단의 차원을 넘어 **개인 차원에서도 마찬가지다.** 사회의 변화는 자연스럽게 개인에게도 영향을 미친다. 사회 환경이 달라지면 사회에서 요구하는 업무와 기술 역시 달라지는 법이다. 지금까지 통용되던 자신의 강점도 어느 순간부터는 더 이상 통용되지 않을 가능성이 높다. 생활 방식을 바꾸고 싶지 않아도 바꿔야만 하는 상황에 빠질지도 모른다. 그러므로 기업에게든 개인에게든 요구되는 것은 변화하는 것을 두려워하지 않는 '진정한 강인함'이다.

⚡

'변화하지 않는다'라는 리스크

다가오는 시대의 삶을 강의 흐름에 비유해 보자. 강의 흐름이 아무리 빠르더라도 커다란 바위 뒤나 강바닥 부근에는 흐름이 느려지는 부분이 있다. 낚시를 하는 사람이라면 잘 알고 있겠지만 물고기는 체력을 쓸데없이 낭비하지 않기 위해 강물의 흐름이 느린 곳에 위치하려는 습성을 가지고 있다.

언론은 눈에 잘 띄는 곳에서 시대의 흐름을 타며 열정적으로 활동하는 사람들을 주목한다. 하지만 자세히 살펴보면 남들이 무언가를 하거나 말거나 절대 흐름을 타지 않겠다며 돌 주변에 바싹 달라붙어 있는 강바닥의 물고기 같은 사람들도 있다. 흐름을 타는 것을 두려워하는 사람들이다. 그런 사람들은 주로 중년층, 직책으로는 중간관리자층에서 많이 볼 수 있다. 달라져야 한다는 말을 귀에 못이 박히도록 듣고 있지만 달라지지 않아도 결국에는 어떻게든 그럭저럭 살아갈 수 있으니 현 상태를 유지해도 상관없다는 심경일 것이다. 흐름을 거스를 생각도 없지만 흐름을 탈 생각도 없다. 불편한 일을 피하고 편한 일만 선택하는 것은 인간으로서의 본능이기 때문에 어느 정도는 어쩔 수 없는 면도 있다. 하지만 10~20년 동안 편한 일만 찾아다닌다면 새로운 일을 점점 두려워하게 되고, 그래서 더더욱 변화하지 못하게 되는 악순환에 빠지고 만다.

⚡

'변화한다'는 리스크를 선택할 것인가, '변화하지 않는다'는 리스크를 선택할 것인가

원래 일본인은 '손실 회피성loss aversion'이 강한 민족이라고 한다. 손실 회피성이란 미래의 이익과 현재의 손실을 저울에 올려 비교할 때 거의 무의식적으로 현재의 손실이라는 리스크를 우선 피하려고 하는 사고 패턴을 말한다. 이는 일본의 제조업이 개량은 잘 하지만 혁신은 잘 하지 못한다는 이야기와 일맥상통한다. **혁신은 현 상태의 연장선에서 일어나는 것이 아니라 현 상태를 일단 뒤엎는다는 리스크를 취해야 가능하기 때문**이다.

예를 들어 소매와 물류의 개념을 혁신적으로 바꾼 기업인 아마존은 회사 수익의 절반을 오로지 선행 투자에 쏟아부으며 확대를 거듭해 왔다. 이렇게까지 대담한 전략을 취할 수 있는 대기업은 일본에 거의 존재하지 않는다.

더욱이 일본에는 혁신에 대해 이야기하기 전에 짚어 보아야 할 또 다른 문제가 있다. 이직률이 낮은 기업일수록 좋은 회사라 여기는 이상한 풍조가 존재하는 것이다. 데이터를 살펴보면 일본은 세계의 선

진국들에 비해 인재의 유동성이 매우 낮은데도 불구하고 회사에 대한 충성심이나 애착심 또한 매우 낮은 수준이다. 이런 데이터를 통해 알 수 있는 것은 일본인 대다수가 속으로는 회사에 불만을 품으면서도 스스로 행동을 일으켜 환경을 바꾸려고 하기보다 회사에 고분고분 순종하는 면종복배面從腹背(겉으로는 복종하는 체하면서 내심으로는 배반함. 역주)의 경향이 있다는 것이다. 이것 역시, 강한 손실 회피성의 증거이다.

취직이라는 것은 다양한 사람과 인연을 맺으며 자신의 가능성을 넓히는 행위다. 한 회사에서 내내 일하면서 성공을 거둔 사람은 단순히 운이 좋았던 것일 뿐이라고 말해도 된다. 이직은 결코 나쁜 일이 아니다. 도피성 이직이든 적극적 이직이든 환경을 바꿔 본다는 것 자체에 가치가 있다. 나 역시 이직을 계기로 성장할 수 있었다.

정답을 알 수 없는 불확실한 시대에 돌입하고 있는 현대에는 **무언가에 전적으로 의존하거나 현상 유지를 무의식적으로 선택하는 일이 곧바로 리스크로** 이어질 가능성이 높다. '변화한다'는 리스크를 선택할 것인가, 아니면 '변화하지 않는다'는 리스크를 선택할 것인가? 선택의 기로에 서야 하는 시대이다.

⚡
목표지향적 인생에서 벗어난다

: 산을 올라가는 것이 아니라, 강물을 타고 내려간다고 생각해야 한다

달라져야 한다는 말을 항상 듣지만, 왜 달라져야 하는지 알 수 없다고 말하는 사람도 많다. 그것도 나름대로 일리가 있는 생각이다. 목표를 달성하는 과정은 흔히 등산에 비유된다. 산꼭대기를 목표로 두고 그곳에 이르는 코스를 살펴본 후 장애를 극복하면서 한 걸음씩 나아가는 일이 바로 등산이다. 이처럼 목표를 먼저 정하고 접근법을 고민하는 것은 단기적 업무를 완수하는 데에는 필수적인 방법이 분명하다.

하지만 인생의 계획이나 기업의 장기 계획처럼 시간축이 긴 계획이라면 목표를 먼저 정해 두는 방법이 최선의 방법이라고 결코 말할 수 없다. **애써 장기 목표를 세워 두더라도 환경이 변화하면 계획의 전제 조건 자체가 달라질 가능성이 매우 높기 때문**이다.

따라서 장기 목표를 세우기보다는 꾸준히 스스로를 갱신해 나가겠다는 강한 의식을 지니고 업무에서든 사생활에서든 눈앞의 인연부터 소중히 챙기는 **임기응변적 태도**를 취하는 편이 낫다. 그러면 시대가 어떻게 변화하든 강인하게 적응하며 살아갈 수 있기 때문이다.

등산의 비유를 다음과 같이 바꾸어 생각해 볼 수 있다. 등산을 할 때는 자신의 속도를 스스로 조절하면서 오를 수 있다. 지치면 쉬었다 가는 것이 좋다. 내키지 않거나 별로 오르고 싶지 않은 산이라는 생각이

들면 그 자리에 멈춰 서서 잠깐 고민하는 시간을 가지는 것이 좋다.

강물을 타고 내려가는 상황을 생각해 보자. 강 위에서 자신의 속도를 조절하려다 보면 물에 빠지기 십상이다. 강의 흐름을 의식하고 항상 그 흐름을 타야 한다. 강물을 타고 내려가고 싶지 않더라도 강물은 사람의 사정을 일절 봐주지 않는다. 그저 끊임없이 흘러갈 뿐이다. 래프팅 선수나 카누 선수의 근육이 우락부락한 이유는 강물의 흐름을 제대로 타기 위한 훈련을 매일같이 반복하면서 단련했기 때문이다.

환경의 변화가 극심한 **앞으로의 시대에는 그 극심한 변화의 흐름을 제대로 타고 내려가기 위한 '급류 타기'의 기술이 필요하다.** 따라서 우리에게 필요한 것은 개인의 확고한 인생 목표가 아니라, 흐름을 제대로 타기 위한 강인함과 기술일 수 있다.

⚡

변화에 맞춰 나가는 강인함을 지닌다

물론 장기 목표를 세울 수 있다면 세우는 편이 좋다. 꿈을 꾼다는 것은 멋진 일이다. 하지만 장기 목표는 필수적인 것이 아니다. 필수적인 것은 필요에 따라 그 계획이나 꿈을 미련 없이 버리는 유연성이다.

변화에 맞춰 가는 유연성, 급류를 타고 내려가는 기술이야말로 진정한 강인함이다. 기나긴 인생에서는 어느 때고 갑자기 찾아오는 커다란 변화를 받아들여야 하는 결정적 상황을 이겨 내는 일이 중요하기 때문이다.

- 회사의 방침으로 해외 자회사로 파견 나가야 하는 상황
- 부모를 간병하기 위해 고향으로 돌아가야 하는 상황
- 아내가 큰 병에 걸려 날마다 일찍 귀가해야 하는 상황
- 남편이 정리해고를 당해 아내도 일자리를 구해야 하는 상황

업무에서든 사생활에서든 위와 같은 환경 변화는 사실 누구에게든 끊임없이 찾아든다. 두세 개의 변화가 한꺼번에 닥칠 때도 있다. 취미를 살려 창업하고 싶다거나 가난한 나라의 아이들을 위해 학교를 세우고 싶다는 식의 커다란 꿈을 품고 있더라도 자신의 아이가 선천적인 질병을 갖고 태어난다거나 뜻하지 않게 커다란 자연재해를 당한다면 그 꿈을 이루기 위한 전제 조건의 변화를 맞닥뜨린다.

그럴 때 자신의 불운을 한탄하는 데에 머무는 게 아니라 **자신의 처지와 새로운 환경을 빠르게 받아들이는 것이 바로 인간의 강인함**이다. 그런 의미에서 인생은 등산이라기보다 강물을 타고 내려가는 것이라는 이미지를 품는 편이 시대 변화에 맞춰 살아가는 데 도움이 된다. 물론 모든 사람이 급류를 능숙하게 타고 내려가는 래프팅의 프로가 될 필요까지는 없겠지만 적어도 물에 빠지지 않는 기술 정도는 익혀 두어야한다.

⚡

우연이 쌓여 인생을 이룬다

: '경력 닻 유형'과 '계획된 우연 유형'

"당신의 꿈은 무엇입니까?"

"인생을 걸고 완수하고 싶은 일은 무엇입니까?"

"당신의 경력 형성 과정에서 지향하는 바는 무엇입니까?"

세상에는 이러한 무거운 질문을 하는 사람이 많다. 이는 인생을 등산으로 여기는 발상에 가깝다. '큰 뜻을 품어라.'라는 말은 듣기에만 좋은 말이 분명하다. 실제로 나와 친분이 있는 경영자나 컨설턴트 중에는 꿈을 품고 그 자리까지 오른 사람이 압도적으로 적다. 업무의 목표는 다양한 프레임워크를 활용하면서 의도적으로 달성해 가는 것이 맞다. 하지만 인생의 목표는 의도적으로 달성할 수 있는 성질의 것이 아니다.

나 역시도 인생의 목표는 설정하지 않았다. 3년 후의 회사 사업 계획은 가지고 있지만 "인생에서 무엇을 목표로 삼습니까?"라는 질문에는 "특별한 목표를 두고 있지 않습니다."라고밖에 대답할 말이 없다.

"자신이 하고 싶은 일도 못 찾는다는 말인가?", "평생을 걸고 이루고 싶은 꿈도 없단 말인가?"라는 식으로 발언하는 사람은 그저 아직 별 시련 없이 인생을 살아온 사람에 불과하다. 대기업에서 총무부장에 오르며 그럭저럭 출세한 A씨가 취업 활동을 앞둔 아들에게 "너는 앞으로 무슨 일을 하고 싶어?"라고 물었다고 하자. 아들은 곤혹스러운 표정을 지으며 "뭐……, 특별히 하고 싶은 일은 없어요."라고 솔직하게 대답할 것이다. 그러면 A씨는 정색하며 "그런 어정쩡한 태도는 사회에서 통하지 않아."라고 꾸짖을 것이다. 이때 나는 A씨에게 "당신은 학창 시절에 장래의 꿈이 ○○ 회사의 총무부장이 되는 것이었나?'라고 묻고 싶다. 결코 그렇지 않았을 것이다.

업무에서 커다란 성과를 올린 사람에게 "왜 이 일을 하기로 결심했나요?"라고 물으면 대부분은 "어쩌다 보니 인연이 닿아서 하게 되었어요."라고 대답할 것이다. 그럴듯한 이유를 대는 사람도 있을 테지만 본인이 그렇게 믿고싶어 하는 것일 뿐 실제로는 그렇지 않은 경우가 많다.

A씨가 대기업에서 부장급까지 출세한 것은 대단한 일이다. 그런데 실상을 따지고 보면, A씨는 학창 시절 동아리 선배의 권유로 우연히 ○○ 회사에 입사해서 다양한 부서를 경험한 후에 어쩌다 보니 총무부에 배속되었을 뿐이었다. 그러다가 우연히 친한 상사가 먼저 출세해서 A씨를 부장 자리까지 끌어올려 주었던 것이다. 이처럼 **우발적인 사건들이 쌓여서 인생의 기승전결이 만들어진다.**

전문 용어로 **경력 닻 유형**Career Anchor과 **계획된 우연 유형**Planned Happen-stance이 있다. 자신의 경력 목표를 확고하게 다지고 자신을 꾸준히 갈고닦아 자신의 의지대로 업무 환경을 선택하는 것이 '경력 닻 유형'이다. 우연히 몸을 담게 된 장소에서 일단 열심히 일하고 이어지는 과정을 통해 경력을 긍정적으로 발전시키는 유형이 '계획된 우연 유형'이다. 사회에 나와 20~30년 동안 일해 온 사람들의 과거 경력을 상세히 분석해 보면 **대부분의 사람은 계획된 우연 유형에 속한다.**

⚡

스스로 미래를 고정해 버리는 막강한 리스크

예전에 나도 '꿈을 품지 않으면 행복한 인생을 살 수 없다'고 믿었던 시기가 있었다. 예를 들면, 코칭 분야에서는 흔히 문답 방식으로 인생의 연표 같은 것을 만들게 한다. "마흔 살이 되면 연봉을 얼마 받을까요?", "쉰 살에는 어떤 팀에 소속되어 어떤 프로젝트를 맡게 될까요?", "어떤 일을 하고 어떤 집에 살고 어떤 친구와 휴일을 보내게 될까요?"라는 식으로 오로지 미래를 예측해 보자는 식의 질문을 던진다. 하지만 지금은 이러한 꿈 지상주의에서 시대착오적인 인상을 적잖이 받는다.

생명보험에 가입하기 위해 인생 계획을 대략적으로 그려 보는 것이라면 모르겠지만, 그런 경우가 아니라면 미래를 예측해 보자는 질문에 답을 고심하는 일이 무슨 가치가 있을지 의문을 가져 보자. 시대의 변화 속도는 세상의 수많은 코치들이 생각하는 것 이상으로 빠르고 지금은 아무도 예측할 수 없을 만큼 불확실성이 높은 시대이다. **불확**

실성이 높은 시대인 만큼 스스로 미래를 고정해 버리는 것은 그저 리스크일 뿐이다.

'꿈이나 목표 따위 필요 없다.' 사고방식을 이렇게 바꾸는 것만으로도 마음의 부담이 덜어지고 순조롭게 변화의 흐름을 탈 수 있게 된다. 게다가 발걸음이 가벼워지면 새로운 세상을 보다 수시로 접하게 된다. 그러면서 비로소 자신이 하고 싶은 일을 명확히 발견해 내는 사람도 있다.

⚡

강물을 타고 내려가는 데 필요한 요소 ❶ | 꾸준한 변화 습관

그러면 급류에 휘말려도 물에 빠지지 않는 강한 사람이 되기 위해, 우리는 무엇을 의식하고 어떻게 준비해야 할까?

첫째, 현상 유지에 의문을 품고 조금씩이라도 자기 자신을 변화시켜 나가야 한다. 환경을 바꾸는 것이 가장 효과적이지만, 그것이 비현실적이라면 일단 행동을 바꿔 본다. 그것만으로도 사람은 새로운 자신으로 변화해 갈 수 있다. 변화는 그 자체가 성장으로 이어진다. 뿐만 아니라 **변화에 일상적으로 익숙해진다면** 외부 환경의 변화가 위기로 여겨질 만큼 급격하게 이루어지는 경우에도 스트레스를 최대한 줄이며 대응할 수 있게 된다.

변화에 대한 스트레스 내성을 이 책에서는 **변화 내성**이라고 일컫는다. '변화 내성'이 약하면 변화를 가능한 한 피하고 현재 상태에 머무르려 하게 된다. '변화 내성'은 일종의 능력이다.

앞으로의 시대에 필수 능력은 '변화 내성'이다

회사의 개혁안에 반대하고 '변화하지 않는다'는 리스크를 선택했다고 하자. 그 선택이 잘못 되었음을 느낄 때 과연 즉각 올바른 행동으로 고칠 수 있을지가 문제인데, 실제로는 그렇게 하기가 꽤 어렵다.

세상을 편하게만 살아가고자 하는 사람은 변화 내성을 의식적으로 키우려는 노력을 꾸준히 하지 않기 때문에 결국 낮은 변화 내성에 머무르게 되고, 만일의 사태가 벌어졌을 때 자신의 온전한 힘조차 발휘할 수 없게 된다.

현장을 살펴보다 보면 늘 느끼는 바가 하나 있다. 강바닥에 찰싹 달라붙어 강물의 흐름을 줄곧 거부하는 사람은 변화에 대한 스트레스를 가볍게 본다는 특징이 있다. '변화해야 할 때가 오면 곧바로 변화할 수 있으니 아직은 괜찮다. 다만 지금은 변화할 때가 아니다.'라고 생각하는 사람은 정작 즉각적인 변화를 요구받을 때 패닉 상태에 빠지고 만다.

예를 들면, 요즘에는 사장의 명령으로 조직 개혁 임무를 맡았지만 무엇을 어떻게 해야 할지 몰라 우왕좌왕하는 관리직이 속출하고 있다. 경영진이 야심차게 조직 개혁안을 세웠지만 현장을 책임지는 부장급이나 과장급 관리자의 생각이 꽉 막혀 있어서 프로젝트가 제대로 돌아가지 않는 것이 그런 사례다.

평소에 의식적으로 근육 운동을 하지 않으면 근력이 떨어진다. 이와 마찬가지로 **오랫동안 변화가 적은 장소에 몸을 담고 있으면 사람은 변화하지 못하는 체질로 바뀐다.** 우리가 현장에서 컨설팅을 시작하면 업무 방식의 급격한 변화에 적응하지 못한 4~50대 직원들이 회사를 그만두는 경우가 흔하다. 열심히 변화하려고 했지만 정신적으로 힘들다는 점을 호소하는 사람도 많다.

사람이 극적으로 변화하느냐 못하느냐를 따지는 것은 결과 중심적인 사고방식일지도 모른다. 변화에 성공해서 좋은 흐름을 탈 수 있느냐 없느냐 하는 문제 역시 결과 중심론이다. 하지만 결과 중심론을 비판한다고 해서 현재 상태에 안주하려는 것을 정당화할 수는 없다. 조금씩이라도 좋으니 새로운 자신을 끊임없이 찾아 나서려는 자세가 중요하다.

⚡

강물을 타고 내려가는 데 필요한 요소 ❷ | **절대적으로 갖춰야만 하는 노**

흐름을 타고 내려가는 것이 중요하다면 아무 생각 없이 흘러가는 대로 사는 삶도 괜찮다는 말인가 생각하게 될 것이다. 그런데 이때 생각해야 할 것이 강물의 흐름을 제대로 타기 위한 노다. 래프팅의 고수와 보통 사람의 차이는 강물의 흐름을 타는 힘과 노를 젓는 능력에 있다. 노를 절묘한 타이밍에 저어야만 강물의 흐름을 자기편으로 만들 수 있는 것이다.

그렇다면 인생에서 노에 해당하는 것이 무엇일까? 나는 그것이 **자신의 감정을 조절하는 힘(자율력)과 사물을 논리적으로 생각하는 힘**이라고 여긴다. 이러한 힘을 기르는 방법은 추후에 상세히 설명하겠다.

오로지 흘러가기만 하는 인생은 편하기는 할 것이다. 하지만 그러다 보면 배가 뒤집혀서 물에 빠질 때 속수무책일 것이다.

부족함이 없는 시대. 가치관이 달라졌다

여기에서 다시 '산을 오르는 장면'을 떠올려 보자. 고도 경제성장과 버블 경제를 경험한 세대는 상승세의 시대를 살았기 때문에 '장래에는 커다란 집을 마련하겠어!' 하는 식의 매우 물질적으로 눈에 보이는 꿈을 꾸었다. 이들은 물욕을 조장하는 교묘한 상업 광고들의 영향력도 피해 가기 어려웠을 것이다. 하지만 지금은 일본이 경제적으로 성숙한 국가가 되어 더 이상 급격한 경제성장을 기대할 수 없다. 힘차게 앞으로 나아가려는 풍조는 엷어졌고 뚜렷한 꿈과 목표를 지닌 사람이 소수파가 되기 시작했다.

비즈니스의 자원은 보통 '사람, 물건, 돈'이라고 하는데, 인간이 생활하는 데 필요한 자원 역시 '사람, 물건, 돈'이라는 키워드로 생각하면 쉽게 이해할 수 있다.

- **사람** | SNS의 보급에 의해 남들과 교류하는 어려움이 줄어들었다.
- **물건** | 이에 관해서는 매우 현저한 변화가 나타나고 있다. 빈집이 전국적으로 급증하고 있는 일본의 현재에 내 집 마련은 도심부를 제외하면 자동차를 구입하는 것과 비슷한 난도가 되었다. 경우에 따라서는 지방자치단체에서 무상으로 집을 얻을 수도 있다. 예전에 젊은층 사이에서 동경의 대상이었던 자동차도 지금은 굳이 구입할 필요가 없다는 생각이 강해지고 있다. 게다가 개인 간 중고품 거래 서비스인 '메르카리' 같은 공유 경제 서비스가 대두하면서 필요한 물품을 필요한 만큼만 합리적으로 손에 넣을 수 있는 세상이 되었다. 공유 경제는 실물경제를 올바로 파악하기 힘들게 한다. 물건을 소유하는 것과 풍요로움의 지표가 더 이상 비례 관계라고 할 수 없게 만들기 때문이다.
- **돈** | 젊은 세대의 취업 의욕을 조사하면 '사생활을 희생하면서까지 돈을 벌고 싶지는 않다'는 생각이 일반화되어 있다. 공유 경제에 의한 공유형 사회가 더욱 확산되면 돈에 대한 가치관은 지금과도 매우 달라질 것이다.

즉 현대는 '사람, 물건, 돈'의 모든 면에서 부족함이 없는 시대라고 할 수 있다.

삶의 목표가 추상화되어 간다

사람의 원동력은 배고픔과 목마름이다. 사람은 부족한 부분이 있으면 그 부족한 만큼을 채우려고 능동적으로 활동한다. 그러한 뇌의 메커니즘을 NLPneuro-linguistic programming, 신경언어프로그래밍에서는 **공백의 원칙**이라 부른다.

사람, 물건, 돈에 대한 욕구가 그럭저럭 채워진 상태라면 뇌는 다른 형태로 원동력을 추구한다. 물질적인 것에서 정신적인 것으로 관심을 돌리거나 삶의 보람 혹은 일하는 보람처럼 추상도가 높은 가치를 추구하는 풍조가 강해지는 것은 이러한 '공백의 원칙'이 작용하기 때문이다.

언젠가 실적이 가장 뛰어난 한 젊은 영업 직원에게 "무언가 커다란 목표를 세워 두셨습니까?"라고 물었더니 그는 "아뇨, 딱히 목표는 없어요. 하루하루의 업무를 즐겁게 하고 있을 뿐이에요."라고 여유로운 표정으로 대답했다. 중년 이상 세대의 눈으로 보면 이해하기 힘들지도 모르지만, 그 영업 직원은 '돈벌이나 출세에는 관심이 없지만 업무를 통해 얻는 충실감은 소중하다.'라고 생각한다. 그것은 그에게는 전혀 거짓 없는 마음일 것이고 아마도 인생의 목표는 현재를 즐기며 살아가는 것일 것이다.

명확한 꿈과 목표를 지니는 것이 나쁜 것은 아니다. 목표를 세우고 그것을 달성하기 위해 자신의 에너지와 시간을 집중적으로 투입한다면 경쟁자들보다 빠르게 결과를 낼 수 있을지도 모른다. 하지만 그렇다고 해서 **꿈과 목표가 없기 때문에 행복해질 수 없다는 논리가 성립하는 것은 아니라는 점을** 강조해 두고 싶다.

⚡

'현 상태를 변화시키는 것'은 그 자체로 훌륭한 목적이다

공백의 원칙이 가져다주는 또 하나의 특징적인 현상이 있다. 눈에 띄게 부족한 부분이 없는 경우에는 활력이 솟아나지 않기 때문에 '왠지 인생에서 긴장감을 느낄 수 없다.', '지금의 자신을 바꿔야 한다.'라는 기분이 잠재의식 속에서 꿈틀대게 된다.

'생계가 곤란하지는 않지만, 왠지 허전하다'라고 말하는 사람이 많다. 그것은 젊은 세대만의 이야기가 아니다. 오히려 나이가 들수록 그러한 생각이 강해지기도 한다. 40세 전후에 더 이상 발전 없이 정체되는 사람도 있고, '인생 100세 시대'라는 말에 '이제 곧 정년퇴직하고 나서는 어떻게 살아야 할까?'라는 초조함을 느끼는 사람도 있다.

그러나 이성적인 판단을 하는 현재의식에서는 구체적으로 어떻게 변화해야 좋을지 판단을 내리기 어렵기 때문에 **변화하고 싶지만 변화할 수 없는 떨떠름함이** 지속된다. 사실 이것이 바로 현 상태에 대한 막연한 불만의 정체다. 자신이 처한 현 상태를 필요 이상으로 부정하는 것을 나쁘다고 단언하는 사람도 있지만 나는 그렇게 생각하지 않는다. **자신을 새롭게 바꾸고 싶다는 생각은 변화에 흔들리지 않는 자신이 되기 위한 중요한 씨앗이다.** 그 씨앗을 소중하게 가꿔 나가는 것이 중요하다.

이 책의 머리말에서도 언급했듯이 예전에 인생의 밑바닥을 맛보았던 나도 돌이켜 보면 능력이 극단적으로 뒤떨어진 것도 아니었고 인간관계가 나쁜 것도 아니었고 행동력이 모자란 것도 아니었다. 하지만 업무에서는 실수를 연발하는 통에 마음이 조급해졌고 매우 힘든 나날을 보냈다. 그 어려움을 타개할 수 있었던 것은 '지금의 자신'이 아니라 '무언가 새로운 자신'을 악착같이 추구했기 때문이다.

정말로 좋은 능력을 지니고 있는데 제대로 발휘하지 못하는 사람이나 뚜렷한 목표가 없는 사람이라면 현 상태를 변화시키겠다는 의지를 높이는 일이 인생에 긍정적 전환점을 불러일으킬 가능성을 현격히 높일 것이다.

⚡

'둔감력'은 후천적으로 기르기 어렵다

세상에는 위험한 일에 도전할 때에도 흔들림 없이 행동으로 옮길 수 있는 사람이 있다. 실패한 경우에도 전혀 신경 쓰지 않고 곧바로 다음 행동을 고민하는 사람도 있다. 주변에서 만류하더라도 자신이 옳다고 믿는 길을 끝까지 나아가는 사람도 있다.

예를 들어 물건을 판매할 때 손님이 가격 흥정을 해도 전혀 깎아 주지 않는 사람이 있고, 손님이 화를 내며 가 버려도 '이제 다른 손님에게 시간을 할애할 수 있겠구나.'라고 긍정적으로 해석하는 사람도 있다.

창업가들은 시장을 무에서부터 창조해 나가기 때문에 리스크가 당연히 높다. 그렇게 위험에 도전하는 창업자들의 가족이나 지인은 "그만두는 게 좋아.", "절대로 잘 될 리가 없어.", "회사에 다니는 편이 안정적이야."라면서 순수하게 그들을 걱정해 주는데, 이들은 결과적으로 창업가들을 뜯어말리는 세력인 셈이다. 창업가들은 그러한 주변의 반대를 무릅쓰고 자금이 바닥날 때까지 흔들림 없이 사업을 추진해서 본궤도에 올려놓아야 하기 때문에, 그 어려움은 남들이 상상할 수 없을 만큼 막대하다. 흔들림 없는 상태로 사업을 추진하는 모습은 동료들의 입장에서 보면 '저 사람, 정신력이 강하군.', '커다란 각오를 다진 모양이구나.'라며 존경심을 불러일으킬지도 모른다. 그런데 흔들림 없는 상태를 만드는 요인은 '강한 의지를 지닌 경우'와 '주변의 반응에 둔감한 경우'로 나눌 수 있다.

강한 의지는 후천적으로 기를 수 있지만 둔감한 성격은 선천적이다. 즉 공연한 걱정을 하지 않고 흔들림 없이 행동으로 옮기는 힘, 즉 둔감력은 남들이 쉽게 흉내 낼 수 있는 성질의 것이 아니다. 둔감력을 높이는 일은 영업 컨설팅 현장에서 과제로 여겨지기도 한다.

많은 경영자는 흔히 실적 1위의 영업 직원을 추켜올리며, 모두가 그 직원처럼 높은 실적을 내도록 노력하라고 말한다. 그러나 실적 1위의 그 직원이 일하는 모습을 잘 관찰해 보면 단순히 남들보다 둔감하기 때문에 좋은 실적을 내는 경우가 많다. 상대방의 반응에 둔감하기 때문에 행동량이 많아지고, 결과적으로 계약을 따내는 확률도 높아지는 것이다.

예를 들어, 중소기업의 영업 직원 중에는 대기업을 공략할 때 별 이유 없이 위축되는 사람이 많다. 하지만 둔감한 사람은 대기업을 상대할 때도 전혀 겁내지 않고 곧잘 판로를 개척한다. 비결을 물으면 "평소처럼 전화해서 우리 제품을 구입해 달라고 말했더니 그쪽에서 순순히 구입해 주었을 뿐입니다."라고 한가롭게 대답한다.

둔감한 사람은 높은 실적을 올리고 압도적인 결과를 내기 때문에 일찌감치 관리직으로 발탁되기도 한다. 그런데 둔감한 사람은 관리직에 오르면 제대로 일하지 못하는 경우가 많다. 둔감한 상사일수록 실적 나쁜 부하를 잘 이해하지 못하기 때문이다. 실적 나쁜 부하와 상담할 때 "그냥 열심히 하면 되는데 왜 안 되지? 이유를 알 수 없네."라는 반응만 보일 뿐이라서 부하와 신뢰 관계를 구축하기 힘들다.

흔들림 없는 사람이 주변에 있다면, 그 사람이 후천적으로 흔들림 없는 강한 사람인지 아니면 선천적으로 흔들림 없는 둔감한 사람인지 구분할 필요가 있다. 본보기로 삼아야 하는 대상은 당연히 **흔들림 없는 사람이 되기 위해 후천적으로 노력한 강한 사람이다.** 둔감력은 후천적으로 기를 수 없지만, 강한 의지는 후천적으로 기를 수 있기 때문이다.

인간의 사고는 임팩트×횟수로 달라진다

변화를 두려워하지 말고 솔선해서 자신을 바꿔 나가자는 말을 자주 듣고 공감하지만 자신의 성격은 좀처럼 바꾸기 어렵다고 생각하는 사람이 대부분이다. 그렇다면 '자신'이라는 것의 정체에 관해 생각해 보자.

내가 평소에 컨설팅할 때 논거로 사용하는 NLP에서는 '자신이 변화한다'는 것은 곧 '감각이 변화한다'는 것을 의미한다. 이러한 사고방식의 토대가 되는 개념이 **사람의 뇌는 자극-반응 모델이다**라는 것이다. 다시 말해 사람은 어떠한 자극을 받으면 몸이 저절로 반응하도록 되어 있고, 이때 어떻게 반응할지 결정하는 것이 바로 '사고 프로그램'이라는 뜻이다. 그리고 그 **사고 프로그램은 과거 체험을 통해 받은 자극의 임팩트×횟수로 이루어진다.**

엑셀의 매크로 함수에 어떤 값을 입력하면 함수에 쓰여 있는 계산식에 따라 답이 출력되는 것과 마찬가지로, 인간의 뇌도 어떤 자극을 입력받으면 잠재의식이 저절로 반응(출력)하도록 되어 있다.

예를 들어, 엄지손가락 크기의 쭈글쭈글한 붉은색 매실 장아찌를 떠올려 보자. 잘 관찰해 보면 표면이 약간 젖어 있을 것이다. 그것을 입 안에 넣어 보자. 꽉 깨물면 아마도 신맛의 과즙이 터져 나올 것이다.

위 글을 읽으면서 입에 침이 고였는가? 신맛을 싫어하는 사람은 온몸에 소름이 돋았을지도 모른다. 이것이 바로 자신의 사고 프로그램이 저절로 보여 준 반응이다.

⚡

약함의 저변에는 사고 프로그램이 있다

다만 이러한 반응을 보이는 사람은 과거에 신맛의 매실 장아찌를 먹어 본 경험을 가진 사람에 한정된다. 나는 예전에 청년해외협력대 JOCV, Japan Overseas Cooperation Volunteers의 일원으로서 중미의 과테말라에서 살았던 적이 있다. 그때 현지인에게 "매실 장아찌를 먹었다고 상상해 보세요."라고 이야기했지만 당연히 그들은 아무런 반응도 없었다. 그들은 매실 장아찌를 먹어본 적이 없었기 때문에 기억의 서랍 속에 매실 장아찌가 존재하지 않았고 매실 장아찌에 반응하는 사고 프로그램도 갖춰져 있지 않았기 때문이다.

따라서 의지가 약하거나 실패를 몹시 두려워하거나 금세 포기해 버리는 등 **정신적으로 약해지는 현상도 과거의 우발적인 체험에 의해 생겨난 사고 프로그램이 원인**이라고 할 수 있다. 정신적으로 약해지는 현상은 일종의 반응이다. 단 자신에게 바람직하지 않은 반응이다.

이는 대인 관계에서도 마찬가지다. 예를 들어 A씨는 B씨라는 남성을 봐도 아무런 반응을 보이지 않는다. 그러나 B씨의 부하이자 평소에 B씨로부터 직장 내 괴롭힘을 당하고 있는 C씨는 B씨의 이름을 듣기만 해도 마음이 무거워진다. 이처럼 어떤 자극을 받았을 때 어떤 반응을 보이고 어떤 느낌을 경험하는가 하는 것은 그 사람의 과거 경험에 크게 좌우된다.

특히, 머리로는 이해하지만 몸이 생각대로 움직이지 않는 식의 자기모순은 사고 프로그램의 영향을 강하게 받고 있다. 변화에 대해 과도하게 불안해하거나 현 상태를 유지하는 데 집착하는 것도 모두 사고 프로그램이 원인이 되어 일어나는 반응이다.

$$\not\downarrow$$

'변화 내성'을 높이는 세 가지 단계

변화에 흔들림 없는 사람이 되기 위해서는 크게 세 가지 단계를 밟아야 한다. 차례대로 살펴보자.

단계 ❶ 자신의 노를 확보한다

인간에게는 이성이라는 현재의식이 있기 때문에 잠재의식의 사고 프로그램이 보여 주는 반응을 봉쇄할 수 있다. 본능을 이성으로 어느 정도 억누를 수 있다는 것이 인간을 인간답게 만드는 이유이기도 하다. 이것이 바로 '노를 확보한다.'라는 말의 의미다.

즉 **새로운 지식**을 얻거나 **논리적인 사고력**을 기르거나 **시야를 넓힘**으로써 약한 자신을 보완할 수 있다. 어떤 지식을 얻은 일이 커다란 임팩트가 되어 사고 프로그램 자체가 달라질 수도 있다. 제2장에서 이에 대해 좀 더 구체적으로 다루고 '변화 내성'을 높이는 첫 번째 단계로서 '이성'이라는 이름의 노를 확보하는 방법에 관해 설명하고자 한다.

단계 ❷ 하루하루의 체험을 바꾸어 사고 프로그램을 수정한다

잠재의식의 영향력은 매우 크기 때문에 이성으로 모조리 제어할 수는 없다. 애초에 인생을 오로지 이성적으로만 살아가는 것은 매우 갑갑한 일이기도 하다. 따라서 이성으로 제어할 수 없는 영역에 있어서는 사고 프로그램 자체를 수정할 필요가 있다.

사고 프로그램을 수정하는 방법은 하루하루의 체험을 바꾸는 것이다. 일상의 체험을 수정함으로써 이미 완성되어 있는 사고 프로그램을 조금씩 고쳐 나간다. 그것이 변화 내성을 높이는 두 번째 단계이다.

스트레칭 체조를 하지 않고 곧바로 격렬한 운동에 돌입하면 부상을 쉽게 당하는 것과 마찬가지로, 변화 내성을 높이려면 변화에 익숙해지기 위한 사전 준비가 필요하다. 그러기 위해서는 **새로운 환경에 몸을 두고 하루하루의 일상적 행동을 조금씩 바꿔 보는 것이 좋다.** 새로운 자극을 뇌에 일상적으로 끊임없이 줌으로써 경직되기 쉬운 자신의 사고 프로그램을 유연하게 만들 수 있다. 어떤 자극이든 상관없다. 변화하는 것 자체가 목적이기 때문에 **약간 갈등을 느낄 만한 '무언가 새로운 것'에 도전해 보는 정도면 된다.** 그러면 현 상태를 유지하려는 성향에서 조금씩 벗어나고 변화 내성도 생겨나기 시작한다. 이는 수심이 얕은 곳에서 깊은 곳으로 서서히 이동하는 것과 같다. 그러다가 강물의 흐름이 마음에 든다면 과감히 강물을 타고 흘러가는 결정을 할 수도 있을 것이다.

그런데 자신에게 새로운 자극이 되는 것들은 무수히 많다. 그중에서 **좋은 자극을 고를 때 염두에 두어야 할 것은 임팩트의 강도**다. 자신의 가치관이나 사고 프로그램은 자극의 임팩트×횟수로 이루어지기 때문에 횟수를 늘려 사고 프로그램을 바꾸어도 상관없다. 하지만 오랜 세월에 걸쳐 형성된 사고 프로그램을 효율적으로 고치고 싶다면 임팩트가 강한 자극을 주는 편이 훨씬 빠르다. 이에 관해서는 제3장에서 '뇌의 우위 감각' 등의 이야기와 함께 좀 더 상세히 설명하겠다.

단계 ❸ 과거의 인식을 수정한다

지금까지의 방법을 실천했는데도 변화하는 일이 도저히 어렵다면, 마지막 수단으로 사고 프로그램을 강제로 바꾸는 '외과 수술'을 해야 한다. 변화 내성을 높이는 마지막 단계가 이것이다.

'사고 프로그램을 강제로 바꾸는 게 진짜로 가능한가?' 하고 의아해하는 사람도 있을 것이다. 과거의 체험 자체는 바꿀 수 없지만 인간의 사고가 잠재의식에 크게 좌우되는 이상, 과거의 인식은 수정할 수 있다. 이에 관해서는 제4장에서 좀 더 상세히 설명하겠다.

그러면 드디어 다음 장부터는 변화 내성을 높이는 방법에 대한 구체적인 이야기로 들어가 보겠다.

/

Chapter 2

지식으로 무장하라

"지식과 논리는 감정에 휘둘리지 않고
충동을 조절하는 생각의 토대를
만들어 준다."

BE STRONGER

아버지의 저주

과거의 강렬한 체험이 마치 '저주'처럼 들러붙어 떨어지지 않고 자신의 사고에 커다란 영향을 끼치는 경우가 흔하다. 나의 경우에는 아버지의 존재가 그랬다. '지식이 사람의 사고방식을 얼마나 바꿀 수 있는지'를 설명하기 위해 여기에서는 먼저 내 개인적인 이야기를 잠깐 해보겠다.

매우 부끄러운 이야기이지만, 내 아버지는 전형적인 술꾼이자 도박 중독자였다. 직장에는 꼬박꼬박 잘 다녔다는 것이 그나마 유일한 희망이었지만, 그렇게 번 돈도 결국 술이나 도박으로 탕진했으니 나는 경제적으로 매우 힘든 환경에서 자랄 수밖에 없었다.

아버지는 거의 매일 밤마다 술집을 전전하며 취할 때까지 마셨기 때문에, 나는 어렸을 때부터 술집에 들어가 술에 취한 아버지를 부축해서 데려와야만 했다. "댁의 남편분이 길 한가운데에서 피투성이로

쓰러져 있어요."라는 경찰의 전화를 받는 일도 허다했다.

그런 때 어머니가 혼자서 아버지를 데리러 가면 아버지는 늘 크게 흥분하며 소란을 피우기 때문에, 어쩔 수 없이 나와 누나까지 나서서 셋이서 함께 가야 했다. 상황에 따라서는 나 혼자서 아버지를 데리러 가기도 했는데 나는 그것이 죽도록 싫었다. 인사불성인 아버지를 잘 구슬려서 집으로 데려오지 못하면 어머니에게 혼이 났기 때문이다.

주말이 되면 아버지는 아침부터 정신없이 술에 취한 채, 도박을 하기 위한 돈이 필요하다면서 집 안의 온 서랍을 닥치는 대로 열어 동전을 긁어모았다. 어머니가 그 모습을 지켜보다가 절망감을 도저히 참지 못하고 집을 뛰쳐나가는 것이 일상적인 광경이었다.

당연히 나는 그런 집에 한시도 있고 싶지 않았기 때문에 밖으로 나가서 친구와 어울려 노는 일이 많았고 친구와 놀 수 없을 때는 집 근처에서 혼자 하루 종일 돌멩이를 차면서 시간을 때우기도 했다.

어린 시절부터 쭉 그런 나날을 보냈기 때문에, 내가 결혼해서 아이를 낳은 후에도 아버지에 대한 부정적인 감정은 거의 변함이 없었다. 하지만 30대 중반에 우연히 수강하게 된 NLP 세미나를 계기로, 평생 풀리지 않을 것 같았던 과거의 저주가 급격히 변화하기 시작했다.

⚡
지식이 과거의 저주를 풀어 준다

원래 NLP 세미나를 수강한 목적은 커뮤니케이션 기술을 배우기 위해서였다. 그때는 시스템 엔지니어를 그만두고 영업 컨설턴트로 직업을 바꾼 지 얼마 되지 않아 아직 이렇다 할 성과를 내지 못하고 헤매던 시기였다. 침체에서 벗어나기 위해 커뮤니케이션 기술을 처음부터 체계적으로 배워야겠다 싶어서 인터넷으로 검색해 봤더니 'NLP는 최강의 커뮤니케이션 기술'이라는 광고가 눈에 띄었고 내용도 잘 모르는 상태에서 수강하기로 결심했다. 수강료가 결코 저렴하지는 않았다. 내 직업에 꼭 필요한 세미나라며 1년 이상에 걸쳐 아내를 설득한 끝에 겨우 수강할 수 있었다.

그런데 첫 세미나를 듣기 시작한 지 30분 만에 본전을 뽑았다고 생각할 만큼 강한 충격을 받았다. 그 첫 30분의 이야기가 바로 인간의 사고 프로그램은 과거 체험의 임팩트 강도와 횟수로 이루어진다는 것이었다.

조금 더 자세히 말하면 인간의 의식에는 **잠재의식**과 **현재의식**이 있고, **잠재의식(무의식)의 힘은 현재의식의 2만 배에 달한다.** 그리고 그것은 사고 프로그램(뇌 신경세포끼리의 결합)으로 형성되어 있고 인간은 그 프로그램에 의해 조종된다는 이야기였다.

커뮤니케이션을 공부하러 온 나로서는 살짝 의아했지만 그 이야기에 크게 놀랐다. 강사는 인간의 사고 메커니즘에 관한 연구 결과를 담담히 설명했을 뿐이었지만 내 마음속에서는 마치 내 아버지에 관한 친절한 설명을 제공받은 듯한 기분이 들었다.

그때까지의 나는 '왜 이렇게 못난 아버지를 두었을까?', '세상의 수많은 아버지는 훌륭한데 왜 내 아버지만 가족을 제대로 돌보지 않을까?'라는 식으로 어디까지나 피해자의 시선으로 아버지라는 존재를 바라보았다.

그러나 우발적인 사건에 의한 임팩트의 강도와 그 횟수로 사람의 사고 프로그램이 이루어진다고 한다면 분명히 아버지도 아버지 나름의 여러 가지 사건을 겪어서 사고 프로그램이 형성되었을 것이다. 그 결과 술에 빠지고 도박에 중독된 것이라면 어떨까. 나는 처음부터 그 원인을 살펴보려는 시선으로 아버지를 바라볼 수 있게 되었다.

아버지는 도호쿠 지방의 시골에서 나고 자라, 흘러 흘러서 도쿄에 갔다가 운명의 흐름을 타고 나고야에 이르렀다. 그 과정에서 아이들에게는 미처 말하지 못한 다양한 체험을 해 왔을 것이다. 어쩌면 숨기고 싶을 만큼 대단히 고되고 힘겨운 일들을 겪었을지도 모른다.

태어나서 처음으로 아버지의 과거를 상상해 보았다. 설명하기 어려운 복합적인 감정이 마음속을 채웠고 뜨거운 눈물이 넘쳐흘렀다. 나는 장소도 잊은 채 오열하고 말았다.

아버지는 지금도 여전히 술꾼이다. 그 사실은 아직도 변함없다. 그러나 그날 이후 나는 아버지에게 조금씩 마음을 열기 시작했고 내 시점만으로 타인을 일방적으로 평가하는 일을 자제하게 되었다.

> "아버지, 저 이제 사람들 앞에서 세미나를 하게 됐어요."
> "네가? 누가 네 이야기 따위를 들으러 온다는 거야?"
> "아버지, 이번에 제가 책을 내게 됐어요."
> "어? 무슨 책? 네가 책 같은 걸 쓸 수 있다고?"
> "아버지, 저 이제 사장이 됐어요."
> "네가 사장이라고……? 그래, 그렇군. 대단하네. 내 아들이 사장이라
> 니……."

정말이지, 임팩트×횟수다. 처음에는 이전과 변함없이 나를 무시하는 태도를 유지했던 아버지도 내가 책을 출간할 때마다 매번 가져가서 보여 주었더니 "너 정말 대단하구나. 보잘것없는 아버지 밑에서 이렇게 대단한 사람으로 크다니 장하구나."라고 말해 주기 시작했다. 내 사고 프로그램이 변화했기 때문에 아버지의 사고 프로그램 역시 몇 년에 걸쳐 달라진 것이라고 믿고 있다.

이는 나에게 매우 극적인 사건이었다. **그 계기는 우연히 참가하게 된 세미나였고 어쩌다 얻게 된 지식이었다.** 이처럼 사람이 변화하는 계기는 느닷없이 찾아온다. 그리고 **올바른 지식은 사람을 강하게 만들고 변화시키는 에너지를 내포하고 있다.**

⚡ 이론에는 막대한 영향력이 있다

　나중에 알게 된 사실인데, 내가 그때 참가한 세미나는 이론 설명을 중심으로 하는 세미나였다. 훈련 과정을 중시하는 일반적인 NLP 세미나와는 달랐던 것이다. 당시에 나는 초보 컨설턴트였고 그 이전에는 고지식한 기술자였기 때문에 이론부터 차근차근 배워나가는 세미나가 마음에 들었다. 나처럼 이론을 좋아하는 독자도 많을 것이다.

　예를 들어, 스포츠 강좌를 수강할 때 감각을 중시하는 코치와 이론을 중시하는 코치가 있다면 어느 코치를 선택할지는 사람에 따라 다를 것이다. 나 같은 경우에는 코치로부터 '어떻게 하라'는 지시와 함께 '왜 그렇게 해야 하는지'에 대한 논리적인 설명이 뒤따라야만 순순히 수긍하고 행동으로 옮기는 성격이기 때문에 이론을 중시하는 코치를 압도적으로 선호한다.

　독자 중에는 자신을 바꾸기 위해 여러 가지 시도를 해 보지만 좀처럼 성과를 내지 못하는 사람이 있을 것이다. 그 원인 중 하나는 이론을 모르기 때문일 가능성이 있다.

　제3장에서는 변화 내성을 기르면서 변화의 계기를 잡기 위해, 평소에 별로 하지 않는 일을 일부러 해 보자고 제언한다. 그러나 내가 이론을 설명하지 않은 채 그런 제언만 한다면 과연 행동으로 옮기는 사람이 얼마나 될까? 거의 없을 것이라고 생각한다.

하지만 '사람의 사고 프로그램은 자극의 임팩트와 횟수로 이루어진다. 그러므로 새로운 체험을 통해 새로운 자극을 꾸준히 주는 것이 중요하다.'라고 **이론으로 설명하면 설득력이 훨씬 높아질 것**이다.

더 나아가 '그 임팩트의 정도는 사람의 우위 감각에 의해서 좌우된다.'라고까지 설명하면 어떻게 될까? 왜 남의 경험담을 참고로 삼을 수 없는지에 대해서도 납득하게 될 것이다. 자신의 특성을 안 뒤에 새로운 체험을 선택해야만 효과적이라는 점도 어렵지 않게 이해할 수 있을 것이다.

이전의 나는 아버지가 무슨 말을 하든 화부터 냈다. 아버지가 나에게 "이제 아이가 태어났으니까 정신 차려야 해."라고 다정하게 말했을 때에도 "쓸데없는 소리 말아요. 내가 왜 아버지한테 그런 말을 들어야 해요?"라고 감정적으로 대응했다. 결국 그것도 나의 사고 프로그램이 그렇게 형성되어 있었던 탓이다. 아버지에게 버릇없이 말하면 안 된다는 점을 이론으로는 알고 있지만 사고 프로그램은 뇌의 반사이기 때문에 이론으로 제어할 수 없다. 하지만 NLP를 만나 지식을 얻고 그 이후로도 온갖 세미나에 참가하며 내 사고 프로그램을 고쳐나간 결과, 무슨 말을 들어도 어느 정도 자신을 제어할 수 있게 되었다. 반응 자체가 달라진 측면도 있고, 이론으로 감정을 어느 정도 봉쇄할 수 있게 된 측면도 있다.

⚡

변화하고 싶지만 몸이 움직이지 않는 사람들에게는
공통점이 있다

"무언가를 바꾸고 싶다.", "더 나은 사람이 되고 싶다."라고 막연히 공언하던 A씨가 있었다. A씨는 어느 사업가가 운영하는 회원제 온라인 커뮤니티에 흥미를 가지고 있었기 때문에 나는 A씨에게 그곳에 가입해 보라고 권했다. 그러나 A씨는 '회원비가 비싸다'는 둥, '애초에 온라인 커뮤니티가 뭘 하는 곳인지 알 수 없다'는 둥 부정적인 말만 내뱉었다.

그래서 나는 그 커뮤니티의 운영자를 직접 소개해 주겠다고 제안했다. 그 운영자는 나와 SNS 친구인 데다 어느 출판사에 함께 알고 있는 지인도 있었기 때문에, 그 지인을 통해 A씨에게 커뮤니티의 운영자를 소개해 줄 수 있었다.

내가 그렇게 제안하자 A씨는 "그건 안 돼요! 본인을 직접 만나도 무슨 말을 해야 할지 모른다고요."라고 대답했다. 그래서 나는 "SNS 친구부터 돼 보세요.", "무료 세미나도 있으니 참석해 보세요."라고 권했다. 하지만 A씨는 전혀 행동으로 옮기지 않았다. A씨는 "애초에 그 사람과 만나고 싶은 게 아니니까요."라고 말했다.

"그렇군요. 말씀하시는 바는 잘 알겠습니다. 그런데 A씨는 '무언가를 바꾸고 싶다.', '더 나은 사람이 되고 싶다.'고 원하지 않으셨나요?"

나는 그렇게 물어볼 수밖에 없었다. A씨가 나에게서 공감을 바라는지, 아니면 문제 해결을 원하는지 파악하고 싶었기 때문이다. A씨가 나에게서 공감을 바라는 것뿐이라면 "그렇군요. 변화하고 싶으시군요. 저도 요즘에 슬슬 변화해야 할 때라고 생각하고 있어요."라는 식으로 '변화하고 싶지만 아직은 현 상태를 유지하는 나'를 연기해야 상대방에게 쉽게 맞춰 차후의 설득을 도모해 볼 수 있다.

그러나 A씨는 "요코야마 씨, 당연히 저는 달라지고 싶습니다."라고 힘주어 말했다. 문제 해결을 원했던 것이다. 그래서 나는 A씨를 만날 때마다 '이것도 해 보세요.', '이 강좌에도 참석해 보세요.'라고 문제 해결을 위한 다양한 제안을 끊임없이 해 댔다.

그런데 A씨는 입으로는 변화하고 싶다고 말하지만 정작 구체적인 행동으로 옮기라고 제안하면 여러 가지 이유를 대며 거절했다. 사실 1년에 한두 번밖에 만나지 않았기 때문에 내가 너무 집요하게 제안을 해 댄 것도 아니었다. 그런 대화가 3년 정도 지속되었고 언제부터인가 A씨는 내 제안에 아무런 대답도 하지 않게 되었다. 그리고 얼마 뒤 A씨로부터 "이전에는 변화하고 싶다고 생각했는데 요즘에는 업무도 많아졌고 집안에도 신경 써야 할 일이 생겨서 지금은 일단 눈앞의 일에만 집중하려고 합니다."라는 안타까운 연락이 왔다.

업무나 집안 사정 때문에 '변화하는 것' 자체를 당분간 뒤로 미뤄 둔 것이라면 이해할 수 있다. 하지만 A씨는 나 외의 다른 사람에게 '변화하고 싶은데 어떻게 하면 좋을까?'라는 내용의 상담을 여전히 하고 있다고 들었다. 아무래도 A씨의 본질은 달라지지 않은 것 같다.

나는 이전에 갖가지 자기계발 세미나에 얼굴을 내밀면서 A씨와 같은 사람들을 많이 만났다. 입으로는 꿈과 소망을 이야기하고 공부도 열심히 하지만, 구체적인 행동을 일으키지 않는 사람들이다. 이런 사람들의 사고 패턴은 서로 매우 닮았다. 의욕은 있지만, 구체적인 행동으로 이어지는 제안을 받으면 교묘하게 피해 나간다. 그리고 그 제안을 거절할 논리적 이유를 찾지 못하면 변화하는 것 자체를 거부하려고 한다. 예전의 나도 그랬기 때문에 잘 안다. 입으로는 "변화하고 싶다.", "남들이 부러워하는 사람이 되고 싶다."라고 말하면서도 경직된 사고 프로그램 탓에 쇠사슬로 묶인 것처럼 앞으로 나아가지 못한다. 앞으로 나아가지 못하는 정당한 이유를 일부러 만들려고 한다는 점에서 나는 이것을 **이야기 꾸미기**라고 부른다.

⚡

약점의 이유를 찾는 것보다 중요한 것이 있다

인간은 과거의 언동을 일관적으로 정당화하고 싶어하는 습성이 있다. 이를 **일관성의 법칙**이라고 한다. 사람은 언제나 자신을 정당화할 수 있는 이유를 찾는다. 그래서 지금의 행동이나 상태에 관해 스스로 납득할 수 있는 형태로 교묘하게 이유를 붙여 설명하려고 한다. 이것이 이유의 날조, 즉 '이야기 꾸미기'다. 변화 내성이 낮으면 이러한 이야기 꾸미기가 심해진다.

의욕 높은 직장인들이 모이는 커뮤니티에 꾸준히 얼굴을 비추다 보면 자신도 긍정적인 영향을 받아 의욕이 높아질 것이다. 그러나 **잠재의식 속에는 '변화하고 싶지 않다'는 인식이 있다.** 그래서 마치 커뮤니티에 참석하고 싶지 않다는 듯 저절로 몸이 부정적으로 반응한다. 참가비가 무료이더라도, 모임 장소가 직장 근처인 경우에도, 인터넷으로 신청만 하면 되는 간편한 모임이더라도 모조리 거절하고 만다. 머리로는 이해하지만 몸이 받아들이지 못하는 것이다. 이럴 때는 이러한 자신의 행동을 우선 이해하고 인정하는 것을 시작점으로 잡아야 한다.

'왜 나는 달라질 수 없을까? 왜 새로운 일에 도전할 수 없을까?'라고 고민하는 사람은 그 이유를 아무리 찾아본들 찾아낼 수 없을 것이다. 올바르고 논리적인 이유가 따로 있는 것이 아니기 때문이다. 자신이 기대한 대로 일이 풀리지 않는다고 해서 그 이유를 일일이 찾아내려는 일은 무의미하다. 이때는 그저 간단히 **'뇌의 사고 프로그램을 거스를 수 없었다.'라고 인정하면 그만이다.** 자신의 약점을 일단 솔직히 인정하는 것이다.

내가 기업 연수를 할 때 조별 활동을 다소 강제적으로 시키는 이유는 각자의 자주성에 맡기면 열심히 하는 사람과 열심히 하지 않는 사람이 나오기 때문이다. 사람의 사고 프로그램은 이처럼 미덥지 못하며 위험하다. 미덥지 못한 몸의 반응을 이성으로 제어할 수 있어야 비로소 정신은 강하게 단련되기 시작한다.

이유를 찾는 것은 중요하지 않다. 몸이 반응하는 현상에 의식을 집중하고, 그 반응 자체가 당신 자신이라고 받아들이자. 만약 변화하고 싶은데 변화하지 못하거나, 혹은 계기를 기다리고 있는데 계기가 찾아오지 않는다고 고민하고 있는 사람은 **이야기 꾸미기 습관을 과감히 버리고 일단 자신의 약점을 사실 그대로 받아들이자.** 그것이야말로 변화의 첫 번째 계기가 될 것이다.

⚡ 행복은 감각에 불과하다

행복에 관해서도 잠깐 고찰해 보자. 컨설턴트는 **수단과 목적을 나누어 생각하는 습관**이 있다.

명확한 목표를 지닌 사람과, 목표는 없지만 무언가 변화하고 싶다고 생각하는 사람이 있다는 이야기를 제1장에서 한 바 있다. 이를 '경력 닻 유형'과 '계획된 우연 유형'으로 구분해 보았었다. 이 둘의 유형은 달라도 양쪽의 본질적인 목적은 같다. 그 목적은 바로 행복해지는 것이다.

'내 집 마련'을 꿈꾸는 것이든, 프로 야구 선수가 되기를 지망하는 것이든, 창업해서 사회에 이바지하려는 것이든 이들은 모두 자신과 주변 사람을 행복하게 만들기 위한 수단이지 목적이 아니다. 사람이 열심히 노력하는 것은 꿈을 달성하면 최상의 행복을 맛볼 수 있을 것이라고 믿기 때문이다. 목표는 없지만 무언가 변화하고 싶다고 생각하는 사람도 마찬가지로 행복해지기를 원하고 있는 것이다. 다만 그 수단을 말로 설명하지 못하기 때문에 마치 인생의 목적이 없는 것처럼 보일 뿐이다. 그렇다면 **행복이라는 것은 절대적인 무언가가 아니라 어디까지 감각에 불과하다고 할 수 있다.** 그리고 뇌는 자극-반응 모델이기 때문에 어떤 자극을 받았을 때 어떤 반응을 하고 어떻게 느끼는지는 **개개인의 사고 프로그램에 따라 달라진다.**

⚡

행복은 객관적인 데이터로 분석할 수 없다

이처럼 감각은 과거의 체험으로 만들어진 사고 프로그램에 의해 도출되기 때문에 사람에 따라 행복의 정의가 제각각인 것을 논리적으로 이해할 수 있을 것이다.

내 지인 중에는 창업해서 한 세대 만에 회사를 종업원 1,000명 이상으로 키워 내 사회적인 명성과 부를 충분히 손에 넣은 사람이 있다. 남들의 눈으로 보면 '그만큼 성공했으니 분명히 행복할 거야.'라고 생각할지도 모른다. 하지만 본인의 말에 따르면 꼭 그렇지도 않은 모양이다.

조직에는 '적정 규모'라는 척도가 있다. 그런데 그 지인의 회사는 최근에 종업원을 늘렸기 때문에 조직이 취약해졌고 종업원의 불만도 한층 높아졌다. 주주들로부터 실적을 올려야 한다는 강한 압박을 항상 받고 있어서 지인은 언제나 마음이 불편한 듯하다. 압박을 즐기는 경영자도 있지만 안절부절못하고 불면의 밤을 보내는 경영자도 있다.

행복이라는 것은 객관적인 데이터로 분석할 수 있는 성질의 것이 아니다. 본인이 아니고서는 알 수 없는 감각일 뿐이다. 이는 늘 의식해야 하는 중요한 지식이다.

돈을 많이 벌었지만 가정을 지키지 못해서 일만 하며 지낸 반평생을 후회하는 사람도 있는 반면, 가난하더라도 모두가 건강하고 웃음이 끊이지 않는 가정을 만들어 평온한 삶을 사는 사람도 있다.

자신이 처한 상황을 어떻게 느낄지는 본인밖에 알 수 없다. 사회적 명성을 손에 넣은 유명인과 자신을 비교하지 않는 것은 꽤 중요하다. 쓸데없는 질투심과 자기혐오에 빠지기 십상이기 때문이다. 언론에서 크게 다루어지는 경영자의 모습을 보면서 '나랑 나이도 비슷한데 대단하군. 그에 비하면 나는……'이라고 낙담하는 것도 의미 없는 일이다.

$$\frac{}{}$$

행복을 제대로 분석하는 방법은 따로 있다

행복을 스스로 분석할 때는 **과거의 자신과 비교하는** 것이 바람직하다. 자신이 처한 환경을 필요 이상으로 한탄하는 경향이 강한 사람은 자신의 과거에 비해 현재 상황이 얼마나 나아졌는지를 객관적인 시점으로 돌이켜 볼 필요가 있다. 그러면 분명히 과거에 비해 성장했다는 실감을 맛볼 수 있을 것이다. 지금은 하지 못하는 일이지만 장래에는 할 수 있을지 모른다는 자신감도 솟아날 것이다.

예를 들어, 나는 현재 마흔아홉 살인데 어렸을 적 불행했던 가정환경과 창피할 만큼 일을 못했던 과거의 기억이 있기 때문에 그에 비하면 지금은 마치 장밋빛 인생을 보내고 있는 것 같다.

나는 현재 닛케이비즈니스 온라인, 야후 뉴스, 뉴스위크에 칼럼을 연재하고 있다. 이따금 악성 댓글이 달리기도 해서 부하들이나 지인들이 걱정해 주기도 한다.

"악성 댓글이 달렸는데 괜찮으세요? 요코야마 씨가 충격을 받을까 봐 걱정이에요."

"요코야마 씨는 맞는 말을 했을 뿐이에요. 그런 비방은 신경 쓰지 마세요."

이렇게 응원해 주는 메시지를 한가득 받기도 한다. 하지만 솔직히 말하건대 나는 내 칼럼이 신랄하게 비난을 받아도 전혀 아무렇지도 않다. 닛케이비즈니스 온라인에서 「탈회의脱會議」라는 칼럼을 연재하기 시작했던 초반에는 수많은 악성 댓글이 달렸다.

"탈회의라니 무슨 개소리냐? 회의가 필요할 때도 있지. 이 컨설턴트는 아무것도 모르는군."

"회의에서 한바탕 연설을 하는 게 뭐가 나빠? 회의에서 의견을 말하지 않는 녀석들이 더 나쁘지. 이런 얼빠진 칼럼은 당장 내려라."

이런 댓글을 읽다 보니 내가 너무나 터무니없는 칼럼을 써 버린 게 아닌지, 닛케이비즈니스 편집부에 항의 전화가 폭주하고 있는 건 아닌지 걱정되어서 나는 곧바로 편집장에게 연락을 했다. 그때 편집장에게서 들은 이야기는 지금까지도 절대 잊히지 않는 중요한 지식이 되어 나를 칼럼니스트로서 더욱 성장하게 만들어 주었다.

"요코야마 씨, 수많은 댓글이 달리는 칼럼을 써 주셔서 정말로 감사드립니다. 혹시 보셨는지도 모르지만 요코야마 씨를 옹호하는 댓글도 상당히 많습니다. 비판적인 댓글의 절반 정도 수준이지만요."

그 말을 듣고 다시 댓글 창을 보니 수많은 악성 댓글 사이에서 칼럼 내용을 옹호하는 댓글이 분명히 보였다.

"비판적인 댓글을 쓴 사람은 이 칼럼을 끝까지 안 읽은 모양이다. 필자는 쓸데없는 회의를 하지 말라고 했을 뿐이다. 회의가 필요하다면 그 목적을 확실히 정하고 목적에 맞는 참가자, 인원, 시간을 적절히 정해서 실시하라고 주장하고 있다."

"필자는 수많은 체험과 막대한 통계 데이터를 바탕으로 회의의 의미를 새삼 묻고 있는데, 무조건 비난만 하는 사람들은 그저 감정적으로 헐뜯으려는 것일 뿐 제대로 된 반론을 하고 있다고 말하기 어렵다."

이처럼 긍정적인 댓글도 많았다. 악성 댓글을 읽고 머릿속이 새하얘진 나는 긍정적인 댓글에 초점을 맞추지 못하고 냉정을 잃어버렸던 것이다.

"누구나 수긍할 만한 칼럼은 많은 사람의 관심을 끌지 못합니다. 사회에 문제 제기를 하는 것이 칼럼의 역할이기 때문에 찬반양론으로 갈리는 칼럼이 좋은 칼럼입니다. 요코야마 씨의 주장은 일리가 있다고 생각합니다. 이런 분위기로 계속 써 주시기 바랍니다."

이런 말을 듣고 용기를 얻은 나는 칼럼을 꾸준히 쓸 수 있게 되었다. 결과적으로 「탈회의」라는 칼럼은 큰 성공을 거두었다. 한 회의 기사로 조회수 100만을 달성하는 일도 여러 번 있었고, 이후에 이 칼럼은 책으로 만들어져 베스트셀러가 되기도 했다.

그 후 나는 7년 넘게 칼럼니스트로서 기사를 꾸준히 올리고 있다. 기사를 올릴 때마다 비판적인 댓글이 쏟아지지만, 임팩트×횟수의 법칙에 의해 내 사고 프로그램이 서서히 변화해 왔기 때문에, 지금은 악성 댓글을 읽어도 별 감정이 느껴지지 않는다.

"오늘도 역시 요코야마 씨의 칼럼에 욕만 잔뜩 늘어놓는 사람이 있군요. 그렇게 비난당해도 요코야마 씨는 꾸준히 잘 헤쳐 나가고 있네요. 정말이지 요코야마 씨는 신념이 강하군요."

이런 말을 자주 듣지만, 실상은 다르다. 최근 7년 동안 나는 스스로를 단련시켜서, 흔들리지 않는 사람이 되었을 뿐이다.

나는 가끔 과거를 돌이켜 보면서 지금이 얼마나 행복한지 실감한다. 어린 시절의 나는 가난한 집이 창피해서 친구들을 거의 초대한 적이 없었고 그러다 보니 친구를 별로 사귀지도 못했다. 교실에 있는지 없는지 모를 존재감 없는 아이였기 때문에 지금처럼 세상 사람들이 내가 쓴 글에 관심을 보여 주는 것만으로도 솔직히 감사하다. 업무에서도 마찬가지다.

예전에는 못하던 일을 지금은 할 수 있게 되었다. 예전에는 낙담하던 일이 많았지만, 지금은 좀처럼 좌절하지 않게 되었다. 이렇게 자신의 성장을 실감할 때야말로 사람은 커다란 행복을 느낄 수 있다.

'지금'이라는 점과 '미래'라는 점이 있다. 그 두 점을 연결한 선이 팽팽히 당겨진 상태에서 자신이 그 선 위에 있다고 느낄 때 사람은 행복을 실감할 수 있다. 그러므로 비교하는 대상은 자신과 관련 있는 것이라면 무엇이든 상관없다.

> '예전에는 책 읽는 습관이 거의 없었지만, 요즘에는 한 달에 열 권을 읽기 시작해서 지식도 늘어났고 넓은 시야로 사물을 생각할 수도 있게 되었다.'
> '예전에는 잔병치레를 많이 했지만, 요즘에는 몸 상태가 대단히 좋아졌다.'

위와 같이 과거의 자신보다 나아진 점에 대해 생각하는 것이라면 어떤 것이든 좋다. 혹시 지금의 자신이 성에 차지 않는다고 해도 특별히 걱정할 필요는 전혀 없다. 오히려 지금 성에 차지 않은 만큼 앞으로 행복을 실감할 수 있는 여지가 많다고 여기기 바란다.

⚡
불안을 줄이는 핵심 비책

'지금 자신의 어떤 모습을 개선하고 싶은가?'라는 내용으로 설문조사를 해 보면 아마도 '새로운 것을 지나치게 두려워하는 자신을 개선하고 싶다.'라는 대답이 상위에 오를 것이다. "실패한다고 죽지는 않아."라는 말을 듣고 "그렇군요. 그럼 괴로워하지 않고 시도해 보겠습니다."라고 순순히 고개를 끄덕이는 사람은 실상 거의 없을 것이다. 어지간히 둔감한 사람이 아닌 이상, 미지의 대상에 불안을 느끼는 것은 매우 자연스러운 일이다.

따라서 그런 반응 자체를 억지로 바꾸려고 할 필요는 없다. 다만 **불안을 미리 예상 범위 안에 둠으로써 불안을 확실하고 간단하게 줄일 수는 있다.** 나는 이 방법을 통해 쉽게 긴장하고 불안에 떠는 성격을 극복할 수 있었다. 이때 관건은 어떻게 미래를 시뮬레이션하고 얼마나 구체적으로 머릿속에 떠올리는지이다.

⚡

예상하기 힘든 일을 예상 범위 안에 두는 방법

예를 들어, 자산 운용에 관해 생각해 보자. 주식, 외환, 부동산 분야에서는 과거에 리스크를 무릅쓰고 도전한 사람들이 다양한 운용 방법들을 고안해 냈고 우리는 그 방법들을 손쉽게 활용할 수 있게 되었다.

미래는 아무도 모른다. 특정 주가의 동향이나 부동산 가격 시세를 예상하는 일은 어렵다. 그러나 수많은 데이터를 조합하고 연구해 보면 예상하기 힘든 일을 어느 정도 예상 범위 내에 둘 수는 있다. 물론 리스크가 줄어드는 만큼 이익은 감소하지만, 과거를 돌이켜 보고 미래를 예상함으로써 불안을 줄이는 일은 충분히 가능한 셈이다. 단 가상화폐에 관해서는 현시점에서 과거의 지혜와 식견으로 쌓아 올린 것이 아니므로 미래를 예상 범위 내에 두기는 이론적으로 힘들다는 말을 덧붙일 수밖에 없지만 말이다.

이것이, **지식으로 무장하라**는 말의 의미다. **미래에 관해 감각적으로 파악하려 들지 않고 논리적으로 불안을 줄일 수 있다면** 우리는 예상하기 힘든 일이 닥치더라도 유연하게 대응할 수 있다. 이것이 자신을 강하게 만드는 첫걸음이다.

우리는 날마다 리스크라고 느껴지는 것들이나 되도록이면 피하고 싶은 일들을 예상 범위 안에 두기 위해서 늘 고민해야 한다. 나는 이전에 세미나에서 강연하기 전에 예상 질문과 답변을 작성하는 데 시간을 많이 할애했다. 또한 세미나실을 사전 답사하기도 했다. 세미나에서 일어날 수 있는 돌발 상황을 예상 범위 안에 두기 위해서였다. 나는 수강생들의 흥미를 끌지 못할까 봐 불안했기 때문에, 다른 훌륭한 세미나 강사의 비디오를 보면서 얼굴 표정이나 손 움직임 혹은 중간에 말을 끊어 가는 타이밍까지 그 강사를 완벽하게 흉내 낼 수 있을 만큼 몇 번이고 연습했다. 물론 머릿속에서는 내가 세미나 장소에서 완벽하게 이야기하는 모습을 상상했다. 그러자 서서히 불안이 사라져 갔다. 그런 식으로 약간 우악스러운 노력을 통해 불안을 떨쳐내자 행동력이 높아졌고 경험이 서서히 쌓여 나갔다. **사람은 자극에 익숙해지면 습관화**habituation**라는 반응(자극 습관화)이 일어나 점점 긴장감이 줄어드는 법이다.** 또한 미래를 시뮬레이션해 보는 자세를 지니면 미래에 대한 여러 가지 의문이 솟아날 것이다. 그 의문을 일일이 조사하며 해결해 가다 보면 더욱 구체적인 미래의 모습을 그릴 수 있게 된다.

그러므로 성공하는 직장인일수록 상사에게 자잘한 일로 상담을 요청하는 경우가 많다. 직감적으로 '힘들겠다', '어렵겠다' 하면서 포기하지 않고, 예상하기 힘든 일을 예상 범위 내에 두기 위해 고민하고 조사하면서 일일이 상담받으려는 습관이 있기 때문이다.

사고 활동의 3요소, 그중 핵심은 무엇일까

인간의 사고 활동에 필요한 3요소는 **정보, 지식, 지혜**다. 경영으로 치자면 데이터가 정보에 해당한다. 경영 수법, 프레임워크, 과거의 사례 등은 지식에 해당한다. 오랜 세월에 걸친 경험으로 뒷받침되는 응용력, 발상력, 문제 해결 능력 등은 지혜에 해당한다. 정보는 날마다 변동하지만 지식은 변동하지 않는다. 지혜는 오랜 세월의 경험이 필요하기 때문에 서서히 변동해 간다. 강물을 타고 내려갈 때 강물의 흐름을 정확히 읽기 위해서, 그리고 자기 나름의 노를 확보하기 위해서 우선 이러한 분류를 확실히 이해해 두는 것이 중요하다.

앞으로의 시대는 초정보화 사회로 불릴 것이라고 예상되는 만큼 이전보다 훨씬 수월하게 정보를 수집할 수 있게 될 것이다. 그 정보를 처리하는 지식도 더욱 발전하고 체계적으로 변할 것이다. 적어도 어떠한 정보와 지식을 갖추는 것만으로도 리스크를 한층 줄일 수 있을 것이다. 새로운 프로젝트를 맡아도, 경험한 적 없는 직종으로 이직하더라도, 승진해서 부하가 늘어나더라도 걱정할 일이 크게 줄어든다.

한편 정보를 올바로 파악할 능력도 없고, 그것을 처리할 지식도 없고, 그저 감각만으로 판단하는 버릇이 있는 사람은 앞으로의 초정보화 사회에서 확실히 뒤처질 것이다. 왜냐하면 정보화가 진행될수록 정보나 지식을 넘어 오히려 **인간이 만들어 내는 지혜에 쏠리는 기대가 한**

층 높아지기 때문이다.

지혜를 만드는 습관

　지혜라는 것은 하루아침에 몸에 배는 것이 아니다. 예를 들어, 나는 자산 운용에 관해서는 일반인 수준의 지식과 경험밖에 없다. 주가나 외환 시세 등의 정보를 판단하기 위해서는 책이나 인터넷에서 얻은 지식을 활용하는 수밖에 없다. 경험이 미천한지라 나 나름의 지혜가 하나도 없기 때문이다. 아직 그런 수준이기에 앞으로 성공과 실패를 거듭하면서 지혜를 얻어 나갈 수밖에 없다.

　컨설팅 자리에서도 마찬가지다. 클라이언트로 하여금 목표를 반드시 달성시키려면 어떤 정보를 어떤 지식으로 요리해야 할까? 정보와 지식을 클라이언트 기업에 전달할 수는 있다. 하지만 그것만으로 결과를 낼 수 있을 만큼 컨설팅은 만만하지 않다. 예상하기 힘든 일을 예상 범위 내에 두기 위한 연구를 꾸준히 지속해야 비로소 지혜가 생겨나고 재현성 높은 성과를 손에 넣을 수 있다. 우리가 늘 현장에 집착하는 이유는 함께 땀을 흘려 지혜를 모으기 위해서다. 평소부터 지혜를 짜내는 습관을 길러 두는 것이 중요하다.

　처음에는 정밀도가 당연히 낮을 것이다. 우선은 **생각하는 습관을 들이는 것**이 자신의 노를 확보하는 첫걸음이다.

생각과 걱정의 차이

생각과 걱정은 다르다. 과거의 나는 의미 없이 걱정하는 버릇을 가지고 있었기 때문에 출구 없는 터널에서 헤매는 듯한 산뜻하지 않은 마음에 휩싸인 나날을 보내곤 했다. 그러나 지식으로 무장하고 걱정이라는 단어를 나 나름대로 정의한 후로는 마음이 어두워질 만큼 걱정하는 일이 극단적으로 줄었다. 그러면 생각과 걱정은 어떻게 다를까? 다음과 같이 인식하면 쉽게 이해할 수 있을 것이다.

생각은 데이터를 처리할 수 있는 상태를 말하고, 걱정은 데이터를 처리하지 못하는 상태를 말한다. 데이터를 처리하지 못하는 이유는 두 가지다.

- 데이터가 존재하지 않는다.
- 데이터가 저장되어 있는 기억장치에 올바르게 접근하지 못한다.

컴퓨터와 마찬가지로 인간에게 기억장치는 **단기 기억, 장기 기억, 외부 기억** 등 세 가지가 있다.

'단기 기억'은 이른바 '작업 기억working memory'을 가리킨다. 정보를 처리하기 위해 일시적으로 데이터를 저장해 두는 작업대와 같은 것이다. '장기 기억'은 오랜 세월에 걸쳐 쌓아 온 지식의 도서관 같은 것이다. '외부 기억'은 자신의 뇌 바깥에 있는 기억장치다. 종이 자료, 스

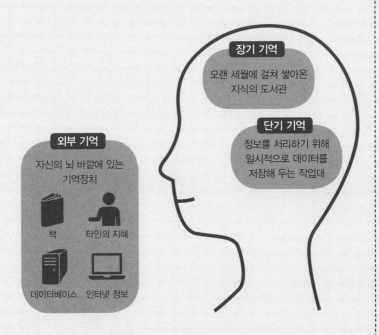

인간의 세 가지 기억장치

장기 기억
오랜 세월에 걸쳐 쌓아온
지식의 도서관

단기 기억
정보를 처리하기 위해
일시적으로 데이터를
저장해 두는 작업대

외부 기억
자신의 뇌 바깥에 있는
기억장치

책   타인의 지혜

데이터베이스   인터넷 정보

단기 기억에 없으면, 장기 기억에 접근한다.
장기 기억에 없으면, 외부 기억에 접근해서 답을 구한다.
걱정만 하는 사람은 단기 기억에만 접근한다.

마트폰 메모, 인터넷 정보, 회사의 데이터베이스, 타인의 지혜 등이
이에 속한다.

일반적으로 사람이 생각하려고 할 때는 가장 가깝고 접근 속도가
빠른 단기 기억에 접근한다. 만약 그곳에 원하는 데이터가 저장되어
있지 않다면 뇌의 더 깊은 부분에 있는 장기 기억에 접근하고, 그곳
에도 없다면 외부 기억에서 답을 구하려고 한다. 음식을 만들 때 주방
조리대에 식재료가 없으면 냉장고 안을 뒤지고, 냉장고 안에도 없으
면 슈퍼마켓에 가는 것과 마찬가지다.

그런데 **걱정만 하는 사람은 기본적으로 단기 기억에만 접근한다.** 눈앞의
주방 조리대에 놓인 식재료만 보고 '식재료가 이것밖에 없으니 음식
을 만들 수 없어.'라며 멍하니 서 있는 상태와 같다. 냉장고도 살펴보
지 않고 슈퍼마켓에도 가지 않기 때문에 아무리 걱정해도 사태는 달
라지지 않는다.

⚡

걱정을 생각으로 바꾸는 방법

'인공지능이 진화하면 세상이 어떻게 변화할 것인가? 자신의 직업
이 없어지는 것으로 그치지 않는다. 인공지능이 인간보다 똑똑해지
면 사회는 혼란에 빠지고, 새로운 범죄가 늘어나고, 은행에 맡긴 돈까
지 도둑맞을지도 모른다. 지금보다 더 살기 힘든 세상이 될 게 틀림없

기에 점점 불행해질 뿐이다. 구태여 아이를 낳지 않는 편이 좋을 것이다…….'

올바른 지식과 정보 없이 무책임한 언론 보도 등으로만 입수한 단편적인 내용만 단기 기억에 넣어 두면 위와 같은 편협한 생각에 빠져 헤어나지 못하게 된다. **편협한 생각에서 헤어나는 방법은 올바른 질문을 던지는 것**이다.

'인공지능이 진화하면 자신의 직업이 없어질 것인가?'
'인공지능은 인간보다 똑똑해질 것인가? 똑똑해진다면 사회는 혼란에 빠질 것인가?'
'인공지능이 진화하면 새로운 범죄가 늘어날 것인가?'
'미래는 아이들에게 살기 힘든 세상이 될 것인가?'

이러한 질문을 던지면 사람의 뇌는 '데이터 처리 모드'에 들어간다. 생각의 재료를 찾아 자연스럽게 장기 기억이나 외부 기억에 접근하려고 한다.

다만 평소에 단기 기억에만 접근하는 버릇이 있다면 데이터를 올바로 처리할 수 없을 것이다. 그렇기 때문에 '아마도 그렇겠지. 인공지능이란 게 원래 그런 거니까. 그렇게 정체를 알 수 없는 존재가 진화하면 사회는 혼란에 빠지는 게 당연해.'라는 식의 지리멸렬하고 막연한 논리로 결론을 맺어 버리게 되는 것이다.

늘 걱정을 품고 괴로워하는 사람은 일단 걱정을 할 때와 생각을 할 때 각각 뇌가 어떻게 다르게 움직이는지 그 차이를 떠올려 보기 바란다. 특히 아무리 생각해도 마음의 안개가 걷힐 기미를 보이지 않는 사람은 '내가 지금 주방 조리대 앞에 멍하니 서 있는 상태에 그쳐 있는 것이 아닐까?'라고 자문해 보기 바란다.

그 점만 이해한다면 누군가에게 고민을 털어놓고 싶을 때 어떤 사람이 적절한 상담자가 되어 줄 수 있을지를 금방 알 수 있을 것이다. **올바른 질문을 해 주는 사람, 때로는 외부 기억이 되어 주는 사람이 가장 적절한 상담자다.**

한편 자신과 마찬가지로 걱정하는 버릇이 강한 사람은 상담자로 적절하지 않다. "그 괴로운 기분은 나도 충분히 이해해."라고 다정한 말을 해 주기는 하겠지만, 주방 조리대 앞에 함께 서 있어 줄 뿐 아무것도 해결해 주지 못한다. 자신이 헤매고 있는 막다른 골목에 친구를 데려오는 것으로 만족해서는 안 된다.

⚡

합리적 추론과 판단의 두 가지 본질적 기준
: 확률론과 재현성

무언가를 판단하는 기준으로서 확률론에 관한 이야기를 해 보겠다. 지금 이렇게 책을 읽고 있는 여러분은 대부분 독서 습관을 가지고 있는 사람일 것이다. 내 회사에서도 부하들은 컨설턴트를 생업으로 삼고 있는 만큼 책을 읽지 않는 사람이 없다. 주변의 경영자들을 살펴봐도 평소에 책을 읽는 사람이 많다. '성공한 사람일수록 책을 많이 읽는다.'라는 말을 흔히 하는데, 참으로 맞는 말이라고 생각한다.

나는 무언가를 생각할 때 **벤 다이어그램**을 활용한다. 이는 여러 개의 원을 섞어 그려서 집합 관계를 나타내는 그림이다. 예를 들어, '독서 습관이 있는 사람'의 원과 '성공한 사람'의 원이 있다고 하자(무엇을 성공으로 부를지에 관한 논의는 주제에서 벗어나므로 생략한다). 원이 교차하는 부분은 '독서 습관이 있고 성공한 사람'이다. 교차하지 않는 부분은 '독서 습관은 있지만 성공하지 않은 사람'과 '독서 습관은 없지만 성공한 사람'이다.

이때 생각의 토대가 없는 사람은 '독서 습관은 없지만 성공한 사람이 있다. 그러므로 책을 읽지 않아도 된다.'라는 결론을 선택해 버린다. 독서 습관은 없지만 성공한 사람은 분명히 존재한다. 하지만 그 사실을 독서가 필요 없다는 결론의 근거로 삼는다면 단순히 현 상태를 유지하려는 편향에 빠져 있는 것일 뿐이다. 강바닥에 찰싹 달라붙어 있는 물고기와 마찬가지인 셈이다.

논리적으로 생각할 때 빼놓아서는 안 되는 개념이 확률이다. 가설 사고로 움직일 때에도 정밀도가 상대적으로 높은 가설부터 시도해 가는 것이 기본이다. 그리고 그 확률은 과거 데이터를 통해 파악할 수밖에 없다.

책을 읽고 성공한 사람도 있고, 책을 읽고 성공하지 않은 사람도 있다. 그리고 책을 읽지 않고 성공한 사람도 있다. 이 세 가지 패턴은 MECEmutually exclusive and collectively exhaustive (어떤 사항을 중복과 누락 없이 파악하는 사고방식)로 요소들을 정리한 것일 뿐이며, 여기에서 더 나아갈 때에는 확률론을 판단 기준으로 삼아야 한다. 그러지 않으면 구분에 의미가 없다.

확률이 낮은 것을 선택해서 성공하면 화제성이 높을 것이다. 화제성이 높은 뉴스가 사람의 관심을 끌기 때문에 텔레비전 등의 언론에서 이런 사례가 자주 다루어지는데 그것은 그것이 전형적이어서가 아니다. 하지만 **강해지기 위해서는 화제성보다 재현성**을 중요시해야 한다. 다이어트든 경영전략이든 화제성 높은 방법에만 뛰어드는 사람은 충동 제어를 적절히 하지 못하는 사람일지도 모른다.

⚡

수많은 선택지에 빠져 허우적대는 약한 사람에게 부족한 것

격동의 시대란 선택지가 늘어나는 시대라고도 말할 수 있다. 수많은 선택지 속에 빠져 흘러가는 사람은 자신에게 가장 알맞은 선택지를 무의식적으로 고르기 마련이다. 그런데 그것은 매우 위험하다. 반드시 **객관적으로 사물을 바라보고 확률론을 고려해 의식적으로 판단하고 선택해야 한다.** 그것은 감각적, 무의식적으로 선택한 답과 동일할 수도 있지만 다를 수도 있다.

벤 다이어그램으로 생각할 때는 확률론을 고려하라

예 성공한 사람일수록 책을 읽는다.

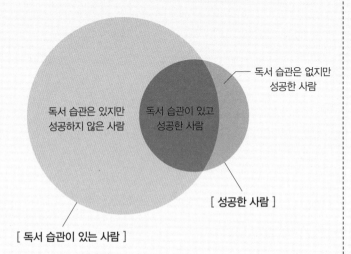

독서 습관은 없지만
성공한 사람

독서 습관은 있지만
성공하지 않은 사람

독서 습관이 있고
성공한 사람

[성공한 사람]

[독서 습관이 있는 사람]

'독서 습관은 없지만 성공한 사람이 있다.
그러므로 책을 읽지 않아도 된다.'라고 결론 맺는 사람은
생각의 토대가 없는 사람이다.
확률론을 고려하면 그 추론은 올바르다고 할 수 없다.

그렇다면 '생각에 생각을 거듭하다 보니 어쩌다 성공하게 되었다' 는 외부의 사례에 감화되어 이를 자신이 나아갈 길의 청사진으로 기꺼이 삼고자 하는 사고방식에 대해 한번 제대로 생각해 보자. 자신을 변화시키고 싶어서, 성공한 사람을 롤모델로 삼아 똑같이 따라 하려는 경우가 많다. 변화하려는 의지는 기특하지만, 그곳에는 함정이 도사리고 있다.

거대한 물고기 개복치를 수족관에서 본 적이 있을 것이다. 이 개복치는 알을 3억 개나 낳는다고 한다. 그러면 3억 개의 알 가운데 몇 개 정도가 성어가 될 때까지 살아남을까? 겨우 서너 마리밖에 살아남지 못한다고 한다. 확률로 따지면 1억 분의 1이다.

그토록 낮은 확률을 뚫고 성어로 자란 개복치에게 "당신은 어떻게 1억 분의 1의 확률을 뚫었나요? 그 비결을 가르쳐 주세요."라고 문의한다고 하자. 그리고 개복치가 그 비결을 의기양양하게 대답해 주었다고 하자. 그러면 앞으로 그 비결을 활용해서 성어가 될 때까지 살아남는 개복치의 수는 얼마나 늘어날까?

만약 그 비결에 재현성이 있다면 나머지 2억 9,999만 9,997마리의 형제도 나름대로의 확률(재현률이 1%라면 100만 마리가 성어가 될 수 있다)로 살아남아 전 세계의 바다가 개복치로 가득 찰 것이다. 하지만 실제로 그러지 않는 이유는 개복치가 진화의 과정에서 자손을 남기는 데 3억 개의 알이 필요하다는 결론에 도달했기 때문이다. 그렇게 이해하는 것이 가장 이치에 맞다.

가상화폐인 비트코인, 이더리움, 리플, 넴 등을 소유하고 억만장자가 된 사람이 있다. 그리고 그러한 억만장자를 흉내 내서 가상화폐에 과도한 자금을 투자한 지인도 나는 몇 명 알고 있다.

그 말을 들었을 때 나도 마음이 동했다. 가상화폐 거래를 했다가 억만장자가 되기는커녕 커다란 손실을 떠안게 된 수많은 사람들이 눈에 들어오지 않고, 나만은 다를 것이라며 근거 없는 자신감에 빠졌기 때문이다.

올바른 정보를 끊임없이 수집하고 나름대로의 지식으로 의사 결정을 한 것이라면 괜찮지만, 실제로 억만장자가 된 사람의 방법을 흉내 내기만 하는 것은 너무 위험하다. 억만장자의 사례는 성어가 된 개복치와 마찬가지다.

자신이 목표로 삼고 싶은 이상적인 사람을 찾아내고 그 사람을 롤 모델로 삼는 것은 좋지만, 그 사람은 어쩌다 우연히 살아남은 개복치일지도 모른다. 시행착오를 거치면서 스스로 창조해 낸 지혜로 성공한 사람과 우연히 성공한 사람은 확실하게 구별해야 한다. 급류에 빠지지 않기 위해서는 **성공한 사람을 제대로 구분해 모델로 삼는 눈**이 필요하다.

예상하기 어려운 일에 당황하지 않도록 도와주는 사고 기법

: 매트릭스 사고

세로축과 가로축에 서로 다른 요소를 두고 그 조합으로 대상을 정리하면서 생각하는 사고법을 **매트릭스 사고**라고 한다. 매트릭스 사고를 활용하면 **대상의 우열을 판별할 때 복합적인 시각을 지닐 수 있다.** 예전에는 전략을 세우는 참모나 컨설턴트가 사용하던 사고법이었는데, 현대에는 선택지의 수가 크게 늘어나 정답을 발견하기가 힘들어진 만큼 매트릭스 사고는 개인 차원에서도 강력한 무기가 된다.

내가 일상생활에서 자주 활용하는 매트릭스는 '**중요한가, 중요하지 않은가**'와 '**해결 가능한가, 해결 불가능한가**'의 두 가지 축으로 정리하는 것이다. 이는 예상하기 힘든 일이 일어나도 당황하거나 혼란에 빠지지 않는 데에 유용한 매트릭스다. 활용할 수 있는 상황이 많으므로 꼭 시도해 보기 바란다.

예를 들면, 중요한 고객으로부터 심각한 불만 사항이 접수되었다고 하자. 이는 중대한 시대이므로 신속히 해결해야만 한다. 하지만 사업을 하다 보면 중대한 사태인데도 해결하지 못하는 경우가 생긴다. 극단적인 이야기를 하자면, 잘 다니고 있던 회사가 어느 날 갑자기 외국 자본에 매수될 수도 있다. 영어를 못하는 직원은 새로운 체제에서 정리해고를 당할 수도 있다. 이미 결정된 사항은 특별한 일이 없는 한

매트릭스 사고는 답이 잘 보이지 않을 때 생각을 정리해 준다

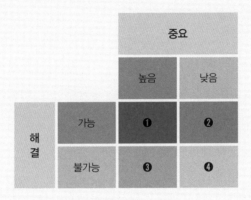

이처럼 표로 만들어 배치하면
당면 문제가 **❶**~**❹** 중 어떤 것에 해당하는지
분별해 볼 수 있다.
세로축과 가로축의 요인은 판단 대상에 따라 변경한다.

바꿀 수 없다. 그냥 받아들일 수밖에 없는 위치라면 불평불만을 터뜨려 봤자 아무런 소용이 없다. 여가에 있어서도 마찬가지다. 가족과 함께 놀이동산에 갔더니 줄이 길게 늘어서 있었다고 하자. 기대했던 놀이기구를 타기 위해 기다려야 하는 시간은 무려 200분이다. 세 시간 이상이나 기다려야 한다는 사실을 알고 아연실색할 것이다. 하지만 놀이기구를 꼭 타고 싶다는 욕구가 200분이나 기다려야 한다는 비용보다 크다면 '어쩔 수 없지.' 하는 심정으로 군소리 없이 200분의 기다림을 받아들이는 편이 가장 좋다. '왜 오늘은 이렇게 붐비는 거야?', '다른 놀이기구도 많은데.'라며 불평을 터뜨려 봤자 마음만 지칠 뿐이다.

이처럼 나는 **예상하기 힘든 사태와 맞닥뜨리면 일단 '해결 가능한가', '해결 불가능한가'라는 두 가지 사분면 중 어디에 해당하는 문제인지를 생각한다.** 걱정하는 것이 아니라 생각하는 것이다. 아무리 정보를 넣거나 빼 보아도 그 사태가 '해결 불가능하다'는 사분면에 들어가는 것이라면 그 시점에서 생각을 멈춘다. 번민하거나 몸부림쳐 봤자 스트레스 내성만 떨어질 뿐이기 때문이다. 그래서 일부러 생각을 멈추고 앞으로 해야 할 일에만 담담히 전념한다.

한편 '중요한가, 중요하지 않은가'라는 축을 먼저 따져 볼 때도 있다. 새로 도입한 정보 시스템이 사용하기에 불편하다거나, 불성실한 영업으로 시간을 빼앗겼다거나, 손이 미끄러져서 그릇을 깨뜨렸다거나 하는 사건들과 맞닥뜨리면 순간적으로 짜증이 치밀어 오를 수 있다. 하지만 이게 그렇게 중요한 일인지를 생각해 보면, 짜증을 내지 않는 편이 유익하다는 점을 깨달을 것이다. 여기에 '해결 가능한가?'라는 생각까지 이어 본다면 해결책이 떠오를 수도 있다. 만약 해결할 수 없다는 결론에 이른다면 앞에서 설명했듯이 생각을 멈춘다. **생각을 멈추는 것은 감정에 얽매이지 않기 위한 하나의 기술이다.**

⚡

감정에 휘둘리지 않는 힘, 조감력의 핵심
: 몰입과 관조

비즈니스 전략을 세울 때나 일상적인 고민을 해결할 때, 감각이 아니라 논리로 고찰하기 위해서는 대상으로부터 거리를 두고 전체상을 **조감하는 힘, 즉 조감력**이 필요하다.

사람은 아무래도 자신의 시야 범위에 있는 것에만 초점을 맞추기 마련이다. 그래서 시야가 좁은 상태에 빠지는 일이 흔하다. 시야가 좁은 상태에서는 사물의 본질을 파악하지 못하고 잘못된 판단을 내리거나, 쓸데없는 감정에 휘둘린다. 하지만 강해지기 위해서는 감정에 휘둘리면 안 된다. 조감력은 비즈니스 세계에서 매우 중요하다. 하지만 조감력을 기르는 방법은 확실히 정해져 있지 않다. 하지만 여기에서는 그 비결을 설명해 보겠다.

NLP에서는 **몰입**associate과 **관조**dissociate라는 개념을 자주 사용한다.

몰입은 '깊은 관련을 맺는다'는 것을 의미한다. 어떤 대상에 깊이 파고 들어가 **객관적인 시점으로 대상을 볼 수 없는 상태가 몰입 상태**이다. 영화나 소설의 세계에 정신없이 몰두하면 주변 풍경도 보이지 않게 되는 것이 이에 해당한다. 관조는 '관련을 끊는다'는 뜻이다. 어떤 대상을 냉철하게 **객관적·분석적인 태도로 대하는 상태가 관조 상태**이다.

앞서 말했듯이, 놀이동산에서 긴 줄의 끝에 서게 되었을 때 객관적으로 자신을 분석해서 '줄 서는 것 외에 해결 방법이 없기 때문에 괜히 짜증을 낼 필요가 없다.'라고 감정을 조절하는 상태가 바로 '관조 상태'다. 관조 상태를 자유자재로 이끌어 낼 수 있다면 조감력도 쉽게 기를 수 있다.

⚡
감정에 휘둘리지 않고 충동을 조절하는
'생각의 토대'를 만들어야 한다

2년 전에 어느 매장 경영자가 롯폰기에 플래그십 스토어를 연다는 소식을 듣고 나는 개점 축하 화환을 보내 주었다. 그런데 7개월 후에 갑자기 폐업한다는 소식이 날아들었다. 그래서 나는 그 경영자를 만나러 갔다.

언뜻 봐도 그는 완전한 몰입 상태에 있는 것이 확실했다. 플래그십 스토어에 대한 감정이 너무 강해서인지 "이제 끝났어. 지금까지 해

온 일들이 모두 수포로 돌아갔어."라면서 감히 말도 못 붙일 만큼 낙담한 상태였다.

나는 그가 냉정함을 되찾기까지 기다린 후, 그에게 간토 지방과 호쿠리쿠 지방에 흩어져 있는 17곳의 매장에 관한 데이터를 보여 주었다. 조감력을 되찾도록 만들기 위해서였다.

그는 최악의 상황에 빠진 상태였기 때문에 경영의 전체상을 파악할 수 없었다. 자포자기의 심정이 되어 부하에게 감정적으로 마구 화풀이만 할 뿐이었다. 조감력을 회복하기 위해서는 올바른 정보가 필요하다. 그리고 그 정보를 정확하게 분석하는 지혜가 있다면 언제까지고 결단을 후회하기만 하는 자신과의 관계를 끊을 수 있다. 그는 플래그십 스토어가 실패하면서 자신이 그리던 사업 계획을 더 이상 달성할 수 없게 되었다. 하지만 그것은 그것일 뿐이다. 소중한 인연으로 만난 100명 이상의 직원들을 위해서라도 하루빨리 한탄을 멈추고 관조 상태로 변화해야 했다.

정보와 지식을 활용함으로써 감정에 휘둘리지 않고 충동을 조절하기 위한 생각의 토대를 만들 수 있다. **감정을 조절하기 위해서는 몰입과 관조의 개념을 잘 이해해야 한다.** 몰입과 관조에 관해서는 제4장에서 상세히 설명할 것이다.

막대한 지식은 강인함을 보증한다

같은 지식이라도 얕고 편향된 지식은 필요 없다. **체계화된 논리, 시스템, 구조를 머릿속에 넣어 두어야 한다.** '변화에 강해지기 위해서는 자꾸 새로운 일을 하면 된다.'라는 말을 자주 듣더라도 대부분의 사람들은 실행하지 않는다. 설득력 높은 논리가 부족하기 때문이다. 캐릭터 '구마몬'으로 유명한 일본의 대표적인 디자이너 미즈노 마나부는 『센스의 재발견』이라는 책에서 다음과 같이 말했다.

센스 있는 가구를 고르고 싶어 하면서도 잘 고르지 못하는 사람은 애초에 인테리어에 관한 지식이 별로 없다. 인테리어 매장을 겨우 몇 군데 둘러보고 인테리어 잡지를 겨우 대여섯 권 들춰보고는 '나는 잘 모르겠다'라는 말을 내뱉을 뿐이다.

딱 보기만 하고 센스 있는 가구를 제대로 골라내는 사람은 아마도 인테리어 잡지를 100권이나 200권은 족히 훑어보았을 것이다.

'센스'라는 것은 타고난 감성이나 감각인 듯하지만 사실 센스는 상당한 지식이 뒷받침되어야 얻어진다. 따라서 **왜 자신이 변화하지 못하고 왜 더 강해지지 못하는지 고민하기 전에 그렇게 되기 위한 지식이 너무 부족하지 않은지를 의심해 봐야 할 것이다.** 실제로는 100 만큼의 지식이 필요하지만 아직 5나 10 정도의 지식밖에 가지고 있지 못한 건 아닌지 하는 자기반성이 필요하다.

⚡ 지식을 얻는 것만으로도 사고 프로그램은 변화한다

지식이 한쪽으로 기울어져 있으면 사고에도 강한 편향이 나타난다. '자기계발 세미나는 미심쩍은 내용투성이야.', 'NLP를 공부해서 성공한 사람이 있다는 소리는 들어본 적이 없어.' 이와 같은 일종의 선입관에 사로잡혀 있는 사람들이 적지 않다. 나도 투자를 시작하기 전에는 불로소득은 정당하지 못하다고 단정하고 있었다. 하지만 투자 분야를 공부해 보니 앞으로 100세 시대에는 근로소득과 자본소득의 균형이 중요하고, 돈 외에 인맥이나 건강 등의 자산도 장기적인 관점에서 형성해 두는 것이 절실하다는 점을 이해하게 되었다.

역시 논리를 안다는 것, 대상의 구조를 지식으로 익히는 것이 중요하다. 그럼으로써 다른 각도로 대상을 바라보는 눈을 새로이 손에 넣을 수 있기 때문이다.

지식을 익히는 것만으로도 자신의 사고 프로그램에 변화를 줄 수 있다. 그러기 위해서라도 **평소에 접하지 않던 사람, 책, 커뮤니티 등을 의식적으로 접하도록 노력해야 한다.**

Chapter 3

/

DO SOMETHING NEW

"자신만의 변화의 계기를 찾고
새로운 일들을 꾸준히 실천하면
굳어진 사고 프로그램을 갱신할 수 있다."

BE STRONGER

⚡

행동을 바꾸면 가치관이 달라진다

제2장에서는 지식을 활용해서 감정을 조절함으로써 흔들리지 않는 자신이 될 수 있다는 것에 대해 이야기했다. 제3장 이후로는 NLP를 화제의 중심에 두고, 새로운 자신이 되기 위한 기술과 그것을 뒷받침하는 지식에 대해 설명하겠다.

거듭 말하지만 새로운 자신이나 강한 자신이 되고자 할 때 명확한 목표는 필요 없다. **지금과는 다른 무언가 새로운 존재가 되기만 하면 그만**이다. 영어로 표현하면 'BE SOMETHING NEW'라고 할 수 있다.

예를 들어, 5년이나 10년 후에 지금과는 완전히 다른 일을 한다거나 교우 관계가 통째로 바뀐다는 이미지를 가져 보자. 목표라면 지금의 자신은 상상도 하지 못하는 사람이 되는 것이면 충분하다.

'왜 굳이 그래야 하는가?'라고 생각하는 사람은 제2장에서 설명한 확률론을 떠올리기 바란다. 현 상태를 유지한 채 행복을 누릴 수 있는 사람도 존재할 것이다. 하지만 확률론으로 말하면 **현 상태에 집착하지 않고 자신이라는 틀을 꾸준히 늘려 가는 사람이 행복하게 살 확률이 높다.**

이를 전제로 두고, '새로운 자신'이란 무엇인지에 대해 생각해 보자. 일단 영어의 'BE'는 '~이다'라는 의미로, 아이덴티티를 나타내는데, 이것이 갑작스럽게 달라지기 힘들다는 점은 쉽게 이해할 수 있을 것이다. 여기에서 참고할 만한 것은 NLP에서 자주 사용하는 신경논리적 단계neuro-logical level다. 이는 사람의 의식을 다섯 계층으로 나타낸 모델이다.

가장 아래 계층이 환경이고, 환경 위에 행동이 있고, 행동 위에 능력이 있다. 능력 위에는 가치관이 있고, 가치관 위에 아이덴티티가 있다. '무언가 새로운 존재로 변화한다'는 것은 가장 위에 있는 아이덴티티가 변화한다는 것을 의미한다.

이 모델을 더욱 단순화해서 행동, 가치관, 아이덴티티의 세 단계로 나타내면 **BE SOMETHING NEW가 되기 위해서는 THINK SOMETHING NEW,** 즉 새로운 신념이나 가치관과 같은 일종의 사고방식을 손에 넣어야 한다. 사고방식은 임팩트×횟수로 정해지기 때문에, **THINK를 바꾸기 위해서는 결국 DO SOMETHING NEW,** 즉 일단 무언가 새로운 일을 해 봐야 한다.

'새로운 일이면 무엇이든 좋다는 말인가?'라고 말하면 의아해할 사람도 있겠지만, 몸을 크게 망치는 불건전한 일이 아닌 이상, 무슨 일이든 상관없다. 가 본 적 없던 식당에 가 보는 것도 좋고, 평소에 칭

'새로운 가치관'을 가지기 위해서는 '새로운 행동'이 필요하다

[신경논리적 단계의 다섯 계층]

아이덴티티
신념 · 가치관
능력
행동
환경

[신경논리적 단계의 세 계층]

아이덴티티
(BE)
신념 · 가치관
(THINK)
행동
(DO)

'BE SOMETHING NEW'(아이덴티티)가 되기 위해서는
'THINK SOMETHING NEW'(신념·가치관)를 손에 넣어야 한다.
신념·가치관은 사고의 일종이므로 '임팩트×횟수'로 정해진다.
따라서 THINK를 바꾸기 위한
DO SOMETHING NEW가 있다.

찬의 말을 건네 본 적 없는 배우자에게 꽃을 사 주는 것도 좋다. 평소보다 한 시간 일찍 출근해 보는 것도 좋고, 평소에 보지 않던 장르의 영화를 감상해 보는 것도 좋다. 어떤 행동이 사고와 가치관을 변화시키는지는 앞으로 상세히 설명하겠지만, 새로운 체험을 얻을 수 있을 만한 일이라면 기본적으로 무엇이든 상관없다.

기회가 잡히는 토양을 만들어야 한다

DO SOMETHING NEW를 의식해서 새로운 자극을 정기적으로 주면 변화를 받아들이는 토양이 만들어진다. 새로운 일을 한다고 해서 가치관이 금방 변화하는 것은 아니다. 사람이 변화하려면 반드시 단초가 필요하다. 그리고 **변화를 자연스럽게 받아들일 수 있는 토양을 만드는 단계가 중요하다.** 자신의 사고 프로그램이 뻣뻣하게 굳어 있는 사람일수록 평소부터 그 토양을 부드럽게 만들어 '변화의 단초'가 씨앗처럼 뿌려졌을 때 그것이 잘 자랄 수 있도록 해 두어야 한다. 그러지 않으면 모처럼 운명적인 기회가 찾아와도 알아차리지 못하고 소중한 기회를 날려 버리게 된다.

기회의 실마리를 잡는 사람과 놓치는 사람의 차이

예를 들어, 경영자끼리 회식을 하고 있을 때 누군가가 커다란 비즈니스 기회를 숨긴 채 어떤 화제를 꺼냈다고 하자. 시류를 잘 읽는 능력 있는 경영자는 그러한 화제에 대한 감도가 매우 뛰어나기 때문에 "조금 더 자세히 얘기해 줘."라며 이야기를 재촉한다. 그러나 기득권의 보호를 받는 보수적인 업계의 경영자는 오히려 '내 사업과는 상관없으니 그런 이야기 따위에 관심 없어.' 하는 태도로 대화를 방관한다. 물론 어설픈 돈벌이 이야기에 혹할 필요도 없고 자신의 사업에 대해 자부심을 느끼는 것도 중요하다. 하지만 현대는 비즈니스 환경의 변화를 파악해 두는 일이 손해가 되지 않는 격변의 시대다. 굳이 이야기를 듣지 않겠다고 거절할 필요는 없는 것이다. 비즈니스 기회에 예민하게 반응하지 않는 사람을 객관적으로 살펴보면 사실 자부심이 있다기보다는 현 상태에 집착한다는 인상이 강하다.

내가 운영하는 '절대 달성 사장의 모임'에서는 다양한 목적을 지닌 경영자들이 모인다. 그곳에서 내가 하는 일은 매우 명쾌하다. 나는 오로지 '무리한 요구'만 할 뿐이다. 모임의 회원들은 각자 한 회사를 이끄는 사장이기 때문에 나름대로의 방식과 가치관을 지니고 있다. 평소에는 남들에게서 무리한 요구를 받는 일이 거의 없는 사람들이다. 그런 사장들에게 나는 '분명히 질색할 만한 일'을 부탁한다.

"이번 모임의 접수계를 담당해 주십시오."

"다음 주까지 명부를 만들어 주실래요?"

"행사 기획을 부탁드립니다. 후쿠오카에서 커다란 행사를 열고 싶어요."

그러면 꼭 "못할 것 같습니다.", "그건 좀 어렵겠네요." 하며 순간적으로 거절하는 사람이 나온다. 이는 자기 나름의 사고 과정이 경직된 사람의 전형적 반응(뇌의 반응)이다. 깊이 생각하지도 않고 **처음부터 '할 수 없다', '안 하겠다'고 단정 짓는 것이다.** 이는 **변화를 받아들이는 토양이 뻣뻣하게 굳어 있다는 증거다.** 평소에 사용하지 않는 감각을 갑자기 사용하려고 하니 쉽게 될 리는 없다. 하지만 모처럼의 기회를 아무 생각 없이 거부하는 일이 벌어지고 만다. 제대로 알고 보면 굉장히 아쉬운 기회를 놓치게 될 수도 있다.

'이건 힘든 일이야.'라며 자신의 감각에 삶을 맞춰 나가는 것은 사고 프로그램이 시키는 대로만 사는 인생이나 다를 바 없다. 이래서는 새롭고 강한 자신으로 전혀 변화될 수 없다.

어린 시절을 돌이켜 보면 알 수 있듯이, 사람은 누구나 솔직하고 유연한 발상을 지니고 있다. 그런데 자라는 환경이나 직장 환경에 의해 서서히 독자적인 사고 과정이 생겨나기 시작하고 변화를 받아들이는 토양이 뻣뻣하게 굳어 버리게 되는 것이다. 다시 한번 말하지만, 나는 그 토양을 다시 기름지게 만들도록 돕는 일이 내 소임이라 생각한다.

나의 '우위 감각'은 무엇인가

이제부터는 구체적으로 어떤 행동을 하면 사고 프로그램을 쉽게 변화시킬 수 있는지에 대해 설명하겠다. 똑같은 자극을 받아도 사람들 모두가 동일한 반응을 보이지는 않는다. 서로 다르기 때문인데, 이를 유형화할 수 있다.

그럼 유형이란 과연 무엇일까? 성별, 문화적 배경, 사회적 지위 혹은 혈액형 등 사람을 범주별로 나누는 척도는 그 수를 헤아릴 수 없을 만큼 많다. NLP에서는 **우위 감각** 혹은 **VAK**라는 개념을 사용해 인간을 유형화한다.

시각, 청각, 촉각, 미각, 후각 등 **다섯 가지 감각 중에서 어느 감각의 감도가 높은지는 사람에 따라 다르다.** 개인에게 감도가 높은 감각을 '우위 감각'이라고 한다. 그리고 촉각, 미각, 후각 등 세 가지 감각을 통틀어 체감각이라고 부른다면, 사람의 우위 감각은 **시각**visual, **청각**audible, **체감각**kinetics의 세 가지로 나눌 수 있다. 이것이 VAK라고 하는 유형 분류 방법의 척도다.

자신의 사고 패턴이나 가치관을 결정짓는 것은 자극에 의한 임팩트와 임팩트의 횟수라고 했다. 이때 반응이 좋은 센서에 자극을 주어야 임팩트가 크기 때문에, 자신의 우위 감각을 알아 두면 매우 쉽고 효율적으로 자극을 관리할 수 있다.

⚡
세 가지 유형의 우위 감각

VAK의 각 특징을 여기에 정리해 보았다. 여러분이 어느 유형에 해당하는지 생각해 보자. 다만 사람은 VAK의 어느 하나로 뚜렷하게 구분되지는 않는다. 'V유형이 가장 강하지만 A유형도 어느 정도 강하다.'라는 식으로 **복수의 우위 감각이 섞여 있는 경우가 많다**는 점을 미리 밝혀 둔다.

⚡
V_{visual} 유형 (시각 우위)의 특징

V유형은 시각 정보에 대한 감수성이 높다. 예를 들면, 나는 V유형의 특징이 강하므로 클라이언트 기업의 매장 인테리어나 회사 팸플릿이 약간만 달라져도 금방 눈치챈다. 사무실에 관엽식물이 늘어났거나, 예전에는 반듯하게 붙어 있던 게시판 전단지가 흐트러져 있어도 저절로 눈길이 간다. 항상 감도를 높여 주시하고 있는 것은 아니다. 단순히 시각적인 자극에 뇌가 쉽게 반응하기 때문에 자연스럽게 눈치챌 수 있는 것이다.

'머리카락을 자르든 화장을 바꾸든 남자친구(혹은 남편)는 알아차리지 못해!'라고 불만을 품는 여성이 많을 텐데 이는 남자친구(혹은 남편)

가 아마도 시각 우위가 아니기 때문일 것이다.

또한 V유형의 사람은 **머릿속에서도 시각적으로 사물을 파악하려는 특징**이 있다. 따라서 V유형인지 아닌지는 **평소에 사용하는 말로 어느 정도 판단할 수 있다.**

"내 이미지상으로는……."

"머릿속에서 그려 봐."

"전체 상이 안 보이는군."

이런 말투를 애용하는 사람은 시각 우위의 경향이 강하다고 보아도 좋다. 또한 비전을 끊임없이 강조하는 경영자도 역시 V유형이다. 경영자들 중에는 시각 우위의 사람이 많다.

V유형의 단점은 하고자 하는 이야기가 어느새 여기저기로 분산되어 버리기 십상이라는 점이다. 머릿속에 시각적인 이미지는 있지만 이를 설명하는 A유형의 소양(논리성)이 모자라서 자신의 생각을 언어화하기 어렵기 때문이다.

⚡ V유형에게 추천하는 자극

시각 우위인 사람이 스스로에게 자극을 주려면, 아름다운 풍경을 보러 가거나 멋진 그림을 보러 가는 등 **영상적인 자극**을 선택하는 것이 효과적일 것이다. 멋진 미래를 상상하는 등의 **공상 영역의 내적 체험**도 괜찮다.

나는 학창 시절부터 미야모토 테루宮本 輝의 소설을 좋아해서 거의 모든 작품을 읽었다. 특히 초기의 '강 삼부작'으로 불리는 『진흙 강(泥の河, 미번역작)』, 『반딧불 강』, 『도톤보리 강(道頓堀川, 미번역작)』은 몇 번이고 반복해서 읽었다. 그의 작품을 특히 좋아했던 이유는 문장을 눈으로 쫓는 것만으로도 이야기에 등장하는 정경이 그림처럼 또렷이 눈앞에 펼쳐졌기 때문이다. V유형의 사람은 시각적 심상을 잘 표현한 미야모토 테루의 작품을 접하면 등장인물이 손에 잡힐 듯 뇌리에서 생생히 묘사되는 것을 경험할 것이다.

⚡

A audible 유형(청각 우위)의 특징

청각 우위인 사람은 논리적인 것이 특징이다. 나와 같은 컨설턴트 중에는 A유형이 많다. 나는 스스로를 V유형과 A유형이 모두 강한 것으로 분석하고 있다.

V유형이 그림을 좋아한다면, A유형은 음악을 좋아한다. 그림은 그릴 때나 감상할 때나 그 작품의 어디에 초점을 맞출지 자유롭게 선택할 수 있다. 그래서 이야기가 여기저기로 분산되어 버리기 쉬운 것이

다. 하지만 음악은 순서와 흐름을 지켜야 작품이 성립된다.

논리도 당연히 순서가 중요하다. 청각 우위인 사람은 **무엇이, 어떻게 해서, 어떻기 때문에, 어떻게 된다 하는 식으로 논리적인 생각을 잘 한다.**

그러므로 A유형 중에는 완벽주의 성격의 사람이 많다. 이전에 어느 대학 교수에게서 '수학자 중에는 음악을 좋아하는 사람이 많다'는 이야기를 들었는데 그것은 결코 우연이 아니라고 생각한다.

⚡

A유형에게 추천하는 자극

청각 우위의 사람은 음악은 물론 활자 정보도 잘 처리하기 때문에 비즈니스서나 실무서 등 **체계화된 지식을 접해 보는 것이** 좋은 자극이 될 것이다.

A유형 중에는 순문학 소설을 진심으로 즐기는 사람이 많지 않을 것이다. '인간 탐구니 뭐니 하는 말도 이해되지 않고, 왜 인간이 벌레로 변신하는지도 알 수 없다.', '심연의 사랑을 표현하는데 아내를 죽일 필요까지는 없잖아. 주인공이 취한 행동은 단순한 범죄일 뿐, 자기중심적인 독백은 차마 읽기도 부담스럽다.'라는 식의 논리적인 분석을 무의식적으로 해 버리기 일쑤다. 그런 탓에 소설 내용에 깊이 몰입하지 못하는 사람도 많을 것이다.

그런 점에서 A유형은 공학박사 모리 히로시森博嗣가 쓴『모든 것이 F

가 된다』라는 소설이 취향에 맞을 것이다. 경악스러운 마지막 장면은 매우 논리적이고, 모든 수수께끼가 해명되는 과정도 일관성 있다. 논리적인 사람도 충분히 즐길 수 있는 명작이라고 할 수 있다.

⚡
K kinetics 유형(체감각 우위)의 특징

마지막으로 체감각 우위를 살펴보자. 이는 실로 '감각적'인 유형이라고 할 수 있다. **머리로 어떻게 생각하는지보다 몸 전체로 어떻게 느끼는지를 중시하는 유형**이다.

익숙한 운동을 할 때 몸의 움직임은 머리가 아니라 몸이 기억하는데 이것은 체감각이라는 말이 딱 들어맞는 경우다. 이 책에서는 '왠지 좋다'거나, '왠지 느낌이 안 온다'거나, '마음이 술렁댄다'거나 하는 내적인 현상까지 포함해 체감각이라고 부르겠다.

비즈니스 세계에도 논리보다 직감이나 감성을 중요시하는 경영자가 적지 않다.

덧붙여, NLP에서는 안구의 움직임으로 V유형, A유형, K유형을 구분하는 '눈동자 접근 단서eye accessing cues'라는 이론이 있다. "오늘 아침에 뭘 먹었어?"라는 질문을 듣고 **눈이 위로 올라가면 V유형, 옆으로 가면 A유형, 아래로 내려가면 K유형**이라고 한다. 즉 K유형인 사람은 '자신의 몸을 향하며' 답을 얻어 내려고 한다. 이는 물론 절대적인 것은 아니다. 당연히 상대방의 몸짓을 한 번 본 것만으로 우위 감각을 결정지어 서는 안 된다. 하지만 경험상으로는 감각적인 사람이나 감성을 중시 하는 사람 중에는 **무언가를 생각할 때 "음……." 하며 아래쪽을 내려다보는 사람이 확실히 많았다.**

예를 들어, 내가 K유형의 사람에게 "전에 어떠어떠한 일이 있었고, 이러저러해서, 그렇게 됐기 때문에, 반드시 그렇게 해야 한다."라고 논리적으로 설명하더라도 K유형의 사람은 "어, 그렇구나……."라며 자신의 몸을 향해 눈을 내리고 잠깐 침묵했다가 "……그건 좀 아닌 것 같아.", "그럴지도 모르겠네."라는 식으로 감각적인 대답을 한다.

사실 이 K유형의 사람도 경영자 중에서 자주 볼 수 있다. 논리를 중시하는 A유형의 사람은 감각적으로 이야기하는 K유형의 사람을 보 면 '무슨 이야기를 하는지 잘 이해할 수 없다'고 핀잔을 주고 싶어질 것이다.

하지만 감각적이라는 것은 나쁘다고 할 수 없다. 감각을 소중히 여 기기에 도전할 수 있는 사람도 있고, 논리보다 인간적인 정을 중시하 기에 직원들에게 사랑받는 사람도 있다.

⚡

K유형에게 추천하는 자극

K유형은 감각적이므로 여행을 가서 현지의 맛있는 음식을 먹는 등

스토리가 있는 자극이 좋다.

소설로 말하자면, 가이코 다케시_{開高健}의 걸작『찬란한 어둠(輝ける闇, 미번역작)』을 들 수 있다. 이 소설에서 한 문단을 인용해 보겠다. 한 구절 한 구절 빠뜨리지 말고 온몸으로 읽으며 음미해 보기 바란다.

덥다.

마치 죽에 잠긴 듯하다. 죽이 허리를 적시고, 턱을 적시고, 이마를 잠기게 했다. 말도 반합도 끈적끈적한 땀에 곪아 허물어지려고 하고 있다. 알코올이 털구멍에서 배어 나오고, 땀이 배로 굴러 떨어진다. 마음도 언어도 모두 딱딱한 물건, 빛나는 물건, 형태 있는 물건에 유린당한다. 눈도 없고 귀도 없는 한 마리의 거대한 연체동물이 꿈틀대고 있다. 그것은 부풀어 올라 오두막집을 가득 채우고 벽을 기어 돌아다니며 밤하늘까지 충족시키고 있다. 무수한 다리를 움직이는 여름의 열기는 창가를 소근소근 걷고, 온갖 물건에 탁해진 지문을 새기며 돌아다닌다. 나는 통통하고 커다란 해면_{海綿}이 되어 벽에 달라붙어 물을 빨아들인다.

어떤가? 위 글을 읽고 어떻게 몸이 반응했는가? Λ유형의 사람은 '의미를 알 수 없다.', '비유 표현이 장황하다.'라고 분석할지도 모르겠다. 그러나 K유형의 사람이라면 온몸에 땀이 날 만큼 습한 감각을 느꼈을 것이다. K유형의 사람은 **논리적으로 이해하기 전에 몸이 먼저 반응한다.**

VAK의 특징 정리 --•

우위성	주요 특징	추천하는 자극
시각 우위 (V)	• 시각 정보에 대한 감수성이 높다. • 시각적인 자극에 대해 뇌가 쉽게 반응한다. • 이야기가 여기저기로 분산되어 버리기 쉽다. • 질문을 받고 대답할 말을 떠올릴 때 눈이 위로 향한다.	• '아름다운 풍경'을 보러 가는 등 영상적인 자극을 준다. • '멋진 미래'를 상상하는 등 공상의 영역도 효과적이다. • 이야기에 등장하는 정경이 생생하게 떠오르는 미야모토 테루의 작품
청각 우위 (A)	• 논리적으로 생각한다. • 순서를 중시한다. • 순문학 소설을 진심으로 즐기지 못한다. • 질문을 받고 대답할 말을 떠올릴 때 눈이 옆으로 향한다.	• 활자 정보를 잘 처리하기 때문에 비즈니스서나 실무서를 접한다. • 모리 히로시의 미스터리 소설
체감각 우위 (K)	• '머리로 어떻게 생각하는지'보다 '온몸으로 어떻게 느끼는지'를 중시한다. • 논리보다 직감이나 감성을 소중히 생각한다. • 질문을 받고 대답할 말을 떠올릴 때 눈이 아래로 향한다.	• 여행을 가서 현지의 맛있는 음식을 먹는 등 스토리가 있는 자극을 준다. • 비유 표현이 풍부한 가이코 다케시의 작품

우위 감각은 환경에 따라 달라진다

사람의 VAK 유형은 두 개 이상이 겹쳐 나타날 수 있다. 그것은 선천적인 요인뿐만 아니라 **환경에 의해서도 서서히 달라진다.** 신경논리적 단계의 가장 아래 계층이 환경이었던 것을 떠올려 보자. 아이덴티티 형성의 근간을 이루는 것은 환경이다. 특히 가정 환경과 직장 환경 등 생활의 중심을 차지하는 환경이 큰 영향을 미친다. 예를 들어, 의류업계에서 일하다 보면 자신의 옷뿐 아니라 길거리를 지나다니는 사람들의 복장에도 신경을 쓰게 된다. 이로써 V유형의 감각이 점점 강화된다.

이는 NLP에서 **초점화의 원칙**이라고 한다. 어느 대상에 의식을 집중시키면 무의식적으로 그곳을 향해 안테나가 세워지는 것이다. 학창 시절까지는 감성을 중시하는 K유형이었는데, 사회인이 되어 경리 업무를 맡게 되면서부터 갑자기 모든 것을 수치로 생각하는 A유형의 사람이 되는 경우도 많다. 사무직 업무를 하다 보면 필연적으로 논리적 사고력이 요구되는 상황이 늘어나므로, 청각 센서가 예민해지는 것이다. 반대로 줄곧 직장을 다니던 A유형의 여성이 결혼해서 아이를 낳고 전업주부가 되었다고 하자. 그러면 A유형이었던 여성은 육아와 집안일에 전념하면서부터 서서히 K유형의 경향이 강해진다. 그 이유 중 하나는 육아가 이론으로 해낼 수 있는 성질의 것이 아니기 때문이다.

'오늘은 아기가 왜 이렇게 기운이 없을까?'

'요즘에 웃음이 많아졌네. 어째서지?'

이렇게 하루 종일 아기에 관한 생각만 하고 있으면 논리적 사고력이 모습을 감추고 그 대신에 마음을 감지하는 센서가 발달할 수밖에 없다. 아기가 커서 육아가 일단락되면 자유 시간이 많아지게 되고 논리를 활용하는 상황도 더욱 줄어든다. 그러면 예전에는 거들떠보지도 않던 아침 멜로드라마를 좋아하는 경우도 있다.

비즈니스에서도 감각적으로 업무를 받아들이는 유형, 논리적으로 의사 결정을 하는 유형 등 다양한 유형의 사람들이 섞여 있다.

사람에 따라 우위 감각이 다르다는 사실을 '지식'으로 아는 것만으로도 대인 관계에서 냉정함을 유지할 수 있다. 그러면 흔들리지 않는 자신, 더욱 강한 자신으로 변화하기 용이하다.

⚡

임팩트를 최대화하는 자극은 어떤 것인가

자신의 우위 감각을 파악했다면 이제부터 응용할 수 있다. 임팩트 있는 자극은 각자의 우위 감각에 따라 다르다. **우위 감각을 의식함으로써 자극의 강도를 스스로 조정할 수 있는 셈이다.** 자신의 평소 행동 습관과 거리가 먼 체험일수록 임팩트가 강하다.

구글이나 페이스북 등 글로벌 기업은 직원의 감정 조절을 위해 적극적으로 '마인드풀니스MINDFULNESS 명상' 연수를 도입하고 있다. 지금

나는 마인드풀니스를 습관화하는 데 성공했지만, 약 1년 전까지만 하더라도 제대로 하지 못했다. 마인드풀니스 지도자인 지인이 권해서 여러 번 시도해 봤지만 나는 아무래도 몰입하기 힘들었다. 손바닥, 발바닥, 단전에 의식을 집중하고 호흡 하나하나에 주의하면서 마음을 차분하게 가라앉혔지만 어느새 잡념이 스며든다.

'지금쯤 고객에게서 메일이 왔을 텐데.'

'칼럼은 다 썼는데 퇴고는 안 했어. 언제 하지?'

'구글이나 페이스북은 마인드풀니스 연수를 도입했다는데 IT 기업이라 효과가 큰 걸까? 제조업 분야의 직원들도 똑같은 효과를 본다는 사실을 확인할 수 있을까?'

이렇게 머릿속에 떠올랐다가 사라지는 잡생각에 시달려 마인드풀니스가 제대로 되지 않는다. 결국 명상 중에, '어떻게 하면 잡생각을 없앨 수 있을까? 좋은 방법은 없을까?'라는 해결책에 대해 고민하고 만다. '자세를 똑바로, 호흡을 바르게, 마음을 차분히'라는 다짐을 의식하면서 심호흡을 반복하는 것이 마인드풀니스의 기본인데 말이다. 몸의 감각이라는 언어화할 수 없는 대상에 신경을 집중시키기 어려운 이유는 내가 K유형 성향이 낮기 때문일 것이다. 그렇기 때문에 더더욱 나 같은 유형은 일부러라도 마인드풀니스를 해야 한다. 마인드풀니스가 나에게 임팩트 강한 자극이 될 것이기 때문이다.

⚡
익숙하지 않은 경험의 효용

'마인드풀니스 명상'이 효과적이라는 이야기가 아니라, **자신에게 익숙지 않은 일을 일부러 체험하면 다른 사람보다 훨씬 큰 임팩트를 얻을 수 있다는** 이야기를 한 것이다. 이를 통해 변화 내성이 크게 강화된다는 것이 중요하다.

우리는 자신의 우위 감각에 맞는 새로운 일을 실천하는 데 익숙해져 있을 것이므로 이번에는 자신의 우위 감각에 맞지 않는 일을 일부러라도 선택해서 실천하는 것이 좋다. 예를 들어, 늘 감각적으로 살아가는 사람이 처음으로 논리적인 부기를 공부하기 시작하면 마음속에서 강한 갈등이 일어날 것이다. 숫자에 강한 다른 학생들과 함께 공부하는 것도 꽤 고된 체험일 것이다. "자산과 순자산은 비슷한 말이라서 헷갈릴 것 같네요."라고 말을 걸어도 아무도 공감해 주지 않을 것이다. 하지만 이렇게 익숙하지 않은 환경에서 스스로에게 일부러 자극을 줌으로써 '아, 하지만 부기처럼 치밀한 수치가 요구되는 상황도 있겠구나.' 하는, 지금까지 생각지도 못했던 깨달음을 얻을 수도 있을 것이다. 이런 경험을 하면 사고 프로그램이 크게 변화한다.

그러면 어떤 일에 도전하는 것이 좋을까? 익숙하지 않은 일이라고 해서 무엇이든 괜찮은 것은 아니다. 일단 우위 감각이라는 실마리로 도전 과제를 파악한 뒤, 자기 나름대로의 속도로 변화를 즐기기 바란다. 나처럼 A(청각) 우위의 유형이라면 제2장의 '지식으로 무장하라.' 라는 말을 우선 떠올리자. 그리고 이들에게는 일단 언어화할 수 없는 '체험'을 추천한다. 특히 오감을 풀가동하며 온몸으로 느끼는 체험이라면 더욱 임팩트 강한 자극을 받을 수 있다.

⚡

외적 체험과 내적 체험

체험(감각과 지각에 의해 주어지는 개념)은 '외적 체험'과 '내적 체험'으로 분류한다. 외적 체험은 '지금' 이 순간 '여기'에서 '나' 자신이 체험하고 있는 그 자체를 가리킨다. 따라서 당신의 경우는 이 책을 읽고 있는 것 자체가 지금 이 순간의 유일한 외적 체험이다.

외적 체험은 지금, 여기, 나라는 키워드로 기억하면 된다. 이 체험은 반드시 자신의 바깥쪽에 있다.

한편 내적 체험은 자신의 머리로 생각하거나 무의식 중에 연상해서 지각하는 모든 것을 가리킨다. 외적 체험과는 달리 자신의 안쪽에 존재하는 체험이다. 예를 들어, 지금 전철을 타고 이동하고 있다고 하자. '지금, 여기, 나'라는 키워드로 파악하면 자신의 눈으로 전철 창밖을 바라보는 체험이 외적 체험이 된다. 그러나 만약 전철 바깥을 바라보고는 있지만 마음속에서 딴생각을 하고 있다면 어떨까?

'어제 부장님에게 쌀쌀맞게 대답해 버렸어. 마음에 담아 두고 계실까?'

'오늘 교섭은 떨렸지만, 성공하기만 하면 이번 달 목표는 달성할 수 있어.'

'아이가 내년부터 사회인이 되는구나. 잘 해낼지 걱정이네.'

긍정적인 내용이든 부정적인 내용이든, 과거의 일이든 미래의 일이든, **자신의 안쪽에서 체험하는 것을 모두 내적 체험**이라고 부른다. 친구와 싸운 일을 떠올릴 때, 상황이 어떻게 전개됐는지 기억하는 것과 더불어 친구의 목소리와 표정이 함께 생각난다면 그 내적 체험은 더욱 깊어진다. 다시 말해 임팩트가 강해진다.

마인드풀니스에서는 몸의 감각과 호흡에 의식을 집중하는 것이 외적 체험을 하는 상태이고, 머릿속에서 무의식중에 과거와 미래의 일을 연상하는 것이 내적 체험을 하는 상태라고 한다.

⚡

인생의 90퍼센트는 내적 체험이다

아마도 많은 독자들은 우리가 항상 내적 체험을 하고 있다는 사실을 이미 깨달았을 것이다. 인생의 90퍼센트는 내적 체험이 차지하고 있고, 지금 눈앞에서 일어나고 있는 현상을 체험하는 비율은 10퍼센트에도 미치지 않는다. 그러므로 과거 체험의 임팩트×횟수로 이루어진 **우리의 사고 프로그램은 내적 체험을 바꿈으로써 얼마든지 변화할 수 있다.** 임팩트는 대체로 외적 체험 쪽이 강하지만, 머릿속에서 여러 번 되풀이해서 생각하는 내적 체험은 반복적으로 겪게 되기 때문에 중요하다.

자신을 강하게 하기 위해서 또는 변화 내성을 기르기 위해서는 평소부터 무언가 새로운 일(SOMETHING NEW)을 시도해 보아야 한다. 나처럼 논리를 좋아하는 사람은 책을 읽는 것만으로도 뇌에 자극을 가할 수 있지만, 대개는 적극적으로 무언가 새로운 행동을 취해야 한다. 무엇이든 상관없다. 그러면 자신의 바깥쪽에 있는 체험을 통해 사고 프로그램에 좋은 자극을 꾸준히 줄 수 있다. 감각적인 사람(K유형)에게는 특히 추천한다.

⚡

내적 체험에서는 부정적 생각이 제멋대로 튀어나온다

이론은 알지만 좀처럼 행동으로 옮기지 못하는 사람이 있다. 다양한 책을 읽거나 인상적인 이야기를 듣고서 '맞는 말이야. 나도 그렇게 변화할 수 있어.'라고 확신을 품지만 막상 무언가 새로운 행동을 하려고 하면 갑자기 몸이 무거워지고 의욕이 솟지 않는다. 문제는 어디에 있을까? 결코 **성격의 문제는 아니다.**

항상 부정적인 생각이 차례차례 머릿속을 스쳐 지나가는 사람이 있다. 아무리 발버둥쳐도, 아무리 도망치려 해도, 자신의 의지와는 상관없이 부정적인 잡념들이 마치 스토커처럼 들러붙는 것이다. 나도 이전에는 그런 적이 자주 있었다.

'왜 나만 이런 꼴을 당해야 하지?'

'아무리 노력해도 잘 되지 않아.'

'그 사람의 말 한마디에 정말 상처받았어.'

사람은 늘 탄탄대로의 인생을 사는 것이 아니므로 수시로 여러 가지 고민이 튀어나오는 법이다. 이것저것을 고민하는 체험은 그 자체로 내적 체험 가운데 하나다.

나는 이전에 나를 괴롭히는 부정적인 망상이 머릿속을 맴돌기 시작하면 오른쪽 허벅지를 손으로 세게 쳐서 그 아픔으로 정신을 차리곤 했다. 그러나 아무리 허벅지를 때리더라도 망상이 도저히 멈추지 않을 때도 있다. 아파서 걷지 못하게 될 만큼 허벅지를 때리기도 했지만 쓸모없는 노력이었다. 내 의식에 확고히 자리 잡은 사고 프로그램에 저항하는 일은 불가능했다.

⚡

상상력이 뛰어난 사람일수록 내적 체험을 의식한다

외적 체험과 내적 체험의 결정적인 차이는 그 체험을 선택할 수 있는지 여부에 있다. **외적 체험에는 개인의 의지가 반영되기 쉽다.** 내키지 않으면 하지 않겠다는 선택을 할 수 있는 것이다. **하지만 내적 체험은 아무리 내키지 않더라도 무의식 중에 체험해 버리고 만다.**

예를 들어, 대하기 꺼려지는 상사가 있다고 하자. 그 상사와 이야기하고 싶지 않고 가급적 만남도 피하고 싶다면 그것을 선택하면 된다.

하지만 '지금, 여기, 나'가 외적 체험을 하지 않을지라도 문득 얼마 전에 그 상사로부터 혼이 났던 기억은 어떠한 계기로 상기되어 버릴 수 있다. 그 기억은 아무리 저항해도 머릿속에서 재생되며, 과거뿐만 아니라 미래의 내적 체험까지 연쇄적으로 연상되어 버릴 수도 있다. '앞으로 그 상사와는 쭉 불편한 관계가 될 거야.'라는 둥, '다음 주 회의에서는 모든 사람 앞에서 공개적으로 지적받지 않을까? 아무리 그래도 그렇게까지 하지는 않겠지. 아니, 과거에 그렇게 가혹한 처사를 당한 사람도 있다고 들었어. 가능한 이야기야……'라는 둥, 과거에서 미래로, 또 미래에서 과거로 여러 가지 사건을 뇌에서 무작위로 끄집어내서 온갖 것들을 '지금, 여기, 나'가 끊임없이 체험하는 것이다.

당연히 눈앞에서 일어나는 사건처럼 선명하지는 않고 임팩트는 약할 것이다. 하지만 이러한 **추체험**(이전 체험을 다시 체험하는 것처럼 느끼는 것) **은 반복해서 자신을 자극하기 때문에 단기간에 사고 프로그램을 뻣뻣이 굳혀 버린다.** 사고 프로그램은 어떠한 입력(자극)이 있으면 자동으로 출력(반응)을 정하기 때문에 일단 프로그램이 완성되면 좀처럼 자신의 의지로는 고칠 수 없다. 그러므로 자신의 의지로 임팩트 있는 체험을 쌓아, 사고 프로그램을 서서히 변화시키는 것이 중요하다.

의지를 활용하여 미래의 경험을 미리 겪어 보자

강한 사람은 자신의 의지로 감정을 조절할 수 있는 사람이다. 의지력이 약한 사람은 자신의 의지가 아니라 과거 체험의 임팩트×횟수로 만들어진 사고 프로그램에 조종된다. 강한 사람이 되기 위해서는 뇌의 단순 반응으로 사물을 판단하는 것이 아니라, 자신의 의지로 판단해야 한다. 눈앞의 체험(외적 체험)에 휘둘리는 것이 아니라, 앞으로 어떤 체험을 하게 될지에 대해 내적 체험을 시도해 보자. 처음에는 좀처럼 되지 않더라도 조금이라도 상상해 보자.

예를 들어, 의사가 먹지 말라고 했음에도 불구하고 맛있어 보이는 케이크를 앞에 두고 갈등하는 자신이 있다고 하자. 케이크를 먹고 난 후에 항상 심각한 자기혐오에 빠진다면 미래의 체험을 미리 겪어 보는 것이 좋다.

언어화하는 것만으로는 체험했다고 할 수 없다. 케이크를 먹는 과정도 세심히 상상하고 위 속에 든 케이크의 무게까지 생생히 감각적으로 느낄 수 있다면, 실제로 케이크를 먹지도 않았는데 '왜 먹어 버렸지?', '또 식욕을 못 이겨 냈어.'라는 혐오감을 미리 맛볼 수 있을 것이다.

나도 이와 비슷한 경험이 있다. '나는 몸이 튼튼하지 않기 때문에 운동을 게을리하면 안 된다.', '요통이 심하기 때문에 정기적으로 걷기 운동을 하는 게 좋다.'라는 것을 알고는 있지만 좀처럼 해내기가 어려웠다. 그러나 지금은 한 달에 100킬로미터를 달리고 훈련도 거듭해서 좀처럼 감기에 걸리지 않는 튼튼한 몸을 가지게 되었다. 지금은 비행기나 신칸센을 타고 전국을 이동하면서 며칠 동안 연속으로 장시간 연수를 실시해도 체력이 떨어지지 않는다.

직업상 알고 지내는 경영자들이 늘어나자 휴일에 골프나 교류 모임 등에 초대받는 경우가 많아졌다. 전에는 모처럼 초대해 주었으니 거절할 수 없다는 이유로 모든 초대에 응했지만 지금은 다르다.

지금은 냉정하게 생각한다. 그리고 **미래를 상상하고 어떤 선택을 하는 것이 더 좋은지 일찌감치 체험한다.** 말로만 생각하는 것이 아니라 머릿속에서 생생하게 체험하고 그때의 감각을 미리 맛보는 것이다. 그렇게 함으로써 '오늘은 아이의 공부를 도와줘야 하니 집에 있는 게 좋겠어.', '한 달에 한 번은 부모님 집에 얼굴을 내밀기로 정했으니까 오늘은 안 되겠어. 아버지는 내 얼굴을 보면 불평만 터뜨리지만, 그래도 징기직으로 부모님을 찾아뵙는 규칙은 지기고 싶어.'라는 식으로 판단하고 초대를 거절하는 일이 늘어났다.

외적 체험과 달리 내적 체험은 자신의 의지만 있다면 머릿속에서 체험할 수 있다. 그 체험을 통해 자신이 바라는 방향으로 행동을 바꿀 수 있다면 자신감이 붙을 것이다.

⚡
추체험이 가능한 외적 체험을 직접 개발하자

내적 체험과 외적 체험의 관계성에서 꼭 기억해 두어야 할 것이 있다. **외적 체험은 일회성**이지만 그 임팩트가 강하면 자연스럽게 여러 번 떠올리게 된다는 점이다. **떠올린다는 행위는 내적 체험**이다.

이전에 나는 무언가 새로운 것(SOMETHING NEW)을 해 보려고 경영자들과 함께 '폭포 수행'을 기획했다. 1년에 네 번을 가기로 계획했다. 그중에서 한 번, 가나가와현에 있는 사카와강의 지류에서 이루어진 폭포 수행 체험은 나에게 잊을 수 없는 임팩트를 남겼다.

나는 논리적인 사람이다. '폭포수를 맞으면 정신이 단련된다.'라는 논리는 나에게 전혀 이치에 맞지 않는다. 도저히 받아들일 수 없는 소리다. 하지만 일부러라도 직접 폭포 수행을 해 보고 싶다고 말한 것은 나의 변화 내성을 강화하는 'SOMETHING NEW'로서는 더할 나위 없는 자극이 될 것이라 생각했기 때문이다.

'낙차 23미터'나 되는 폭포수에 맞았을 때의 충격은 마치 부드러운 콘크리트 덩어리가 머리와 어깨에 떨어진 게 아닐까 싶을 만큼 세찼다. 그래서 1주일 이상이나 정수리, 목덜미 어깨에 걸쳐 반복적으로 그때의 감각이 남아 있을 정도였다.

'정말로 힘들었어. 하지만 해낸 뒤의 달성감은 각별했지.'

'폭포수에 맞기 전까지 기다리는 동안에 느낀 공포감은 상상 이상이 었어.'

그때의 장면과 감각이 언제까지고 뇌 속에서 재생되었다. 즉 강렬한 외적 체험은 내적 체험을 몇 번이고 자동으로 생성한다. 이런 **추체험은 자신을 변화시킨다**. 이처럼 나중에 몇 번이고 추체험할 수 있을 만한 외적 체험을 직접 개발하는 일은 자신을 강하게 하는 데 필요한 기술이다.

⚡

서툰 일을 일부러 받아들이고 철저히 준비하자

내가 특별히 염두에 두고 있는 일을 하나 소개하겠다. 그것은 **서툰일을 일부러 받아들이고 철저히 준비한 후 임하는 것**이다. 그 예로서 사람들 앞에서 연설하는 것을 들 수 있다. 한두 시간짜리 강연이라면 갑작스럽게 주제가 주어져도 이야기를 할 수 있지만, 2~3분 만에 끝내야하는 짧은 연설은 아주 고역이다. 듣는 사람이 내용을 잘 정리할 수 있도록 깔끔하게 정리해서 이야기하기가 힘들다.

그러므로 연설 제의를 수락했을 때는 철저히 준비한다. 대본을 쓰고 타이머로 시간을 재고 실제 연설이 되기까지 여러 번 연습한다. 목욕할 때나 걷기 운동을 할 때도 소리 내어 연설문을 외우고, 시간 내에 끝낼 수 있는지 군더더기가 없는지를 끊임없이 체크한다.

서툴기 때문에 만족스럽게 리허설을 끝내는 경우는 다섯 번 중에 한 번 정도뿐이다. 하지만 그래서인지 **성공한 그 한 번**이 몇 번이고 머릿속에서 재생될 만큼 기쁜 체험이 된다.

그러므로 익숙한 일뿐만 아니라, 약간 익숙하지 않고 망설여지는 일에도 적극적으로 도전해 보자. 절대 폭포 수행 그 자체를 추천하는 것이 아니다. 그리고 **스스로에게 임팩트 강한 자극이 무엇인지에 대한 규칙성을 발견하고, 내적 체험으로 그것을 더욱 증폭**해 보자. 그러면 예상하기 힘든 일이 일어나도 감정을 조절할 수 있게 되고, 변화 내성도 확실히 강해질 것이다.

⚡

긍정적인 SOMETHING NEW, 부정적인 SOMETHING NEW

어떤 'SOMETHING NEW'가 변화 내성을 키워 줄까? 앞에서 설명한 VAK 유형을 활용해도 좋겠지만 여기에서는 '긍정적'과 '부정적'이라는 기준을 살펴보겠다.

무언가 새로운 일을 하는 것은 일단 익숙하지 않을 것이다. 예를 들어 책을 읽지 않는 사람에게 독서는 익숙하지 않다. 독서는 그저 **부정적이고 피하고 싶은 체험**일지도 모른다.

그러나 비즈니스서를 자주 읽는 사람이 역사서를 읽는 것은 익숙하지는 않지만 그다지 부정적이라고 할 수는 없다. 오히려 '역사서는 거의 손을 댄 적이 없지만, 무언가 새로운 발견을 할 수 있을지도 몰라. 비즈니스의 힌트를 얻을 수 있을지도 몰라. 기대되는걸.'이라며 긍정적으로 새로운 자극으로 받아들일 수도 있을 것이다. 나는 자발적으로 미술관을 방문해 본 적이 없지만, 누군가가 미술관으로 초대해 준다면 기쁘게 승낙할지도 모른다. 이러한 SOMETHING NEW는 긍정적으로 받아들일 수 있다.

하지만 아이돌 그룹의 콘서트에 초대받으면 꽤 당황스럽다. 아무리 무언가 새로운 일을 시도해 보려 한다 해도, 쉰 살이 다 되어가는 나에게 아이돌 그룹의 콘서트장은 어울리지 않는 장소라 생각되기 때문이다. 그래도 자신의 변화 내성을 키우기 위해 새로운 체험을 해 보겠다고 마음먹은 사실 때문에 아주 마지못해 따라나서 볼 수는 있다.

그러므로 이 SOMETHING NEW는 '부정적'인 것이라 느껴질 것이다. 그리고 당연히, 괜찮게 느껴지는 SOMETHING NEW보다 내키지 않는 SOMETHING NEW가 더 강한 임팩트를 지닌다. 내가 아이돌 그룹의 콘서트에 가서 젊은 사람들과 함께 즐기는 경험을 가진다면 그 후 몇 번이고 그 체험을 떠올리게 될 것이기 때문이다. 내적 체험이 여러 번 자동 재생되어 '이 나이에도 그런 장소에 갈 수 있었다.', '주변의 눈이 신경 쓰여 견딜 수 없었다. 지금 다시 돌이켜봐도 민망하다.'라고 추체험을 할 수 있을 것이다.

덧붙여 **SOMETHING NEW는 체험한 후에 '좋았다/나빴다'로 판단할 것**

이 아니다. 판단 기준은 '나중에 얼마나 자주 떠올릴 것인가.'이다. 물론 당연하지만 누군가에게 민폐를 끼치는 일, 신념에 반하는 일은 해서는 안된다.

⚡

자신을 몰아붙일 필요는 없다

여기에서 주의해야 할 점은 **부정적인 자극을 무작정 고집할 필요는 없다**는 것이다. 내가 대기업의 시스템 엔지니어 일을 그만두고 인연이 닿아 영업 컨설턴트 업무를 시작했을 때는 정말로 힘든 시기였다. 35~36세쯤의 일이었다.

비유하자면 음식점에서 일해 본 적도 없으면서 레스토랑, 스테이크 전문점, 초밥 전문점, 카페 등 다양한 음식점의 경영을 지원하는 사람이 된 것이다. 시행착오를 거듭하면서 하나하나 배워나가는 수밖에 없었다. 날마다 내키지 않는 업무를 처리하느라 밤을 새우기 일쑤였고, 공부도 게을리할 수 없었으며, 대화해 본 적 없는 직종의 사람들과 대화해야 했다. 부정적인 자극을 끊임없이 받을 수밖에 없는 환경이었다. 몸 상태가 나빠졌고, 가정에 신경 쓸 여유도 없어졌고, 평생토록 꾸준히 실천할 생각이었던 장애인을 위한 자원봉사 활동도 빠지는 날이 많아졌다. 회사의 기대에도 클라이언트의 바람에도 부응하지 못한 채 그야말로 사면초가 상태였다.

이럴 때 더욱 부정적인 자극을 얻으려고 하면 자극에 익숙해져 버리는 '자극 순화'라는 현상이 일어나므로 임팩트가 줄어든다. 그래서 과감히 긍정적인 SOMETHING NEW로 전환하기로 했다.

당시의 나에게 긍정적인 자극은 일본 국내의 역사 건축물을 방문하는 단체 여행에 참가하는 것이었다. 일본 건축물과 서양 건축물이 혼재하는 고베의 명건물을 순례하는 여행 프로그램이 있었는데, 아내의 강력한 권유로 나는 기분 전환 겸 홀로 참가했다. 특히 건축학과 대학생들과 교류할 수 있어서 즐거운 여행이었다. 학창 시절에 건축을 공부하던 때가 떠오르기도 했다. 여행이 끝난 후 회식 자리도 즐거웠다. 솔직히 그렇게 즐겁게 술을 마신 게 몇 년 만인지 모르겠다. 너무 즐거워서 집에 돌아가고 싶지 않을 지경이었다. 모든 게 내 마음대로 되지 않고 죄다 헛도는 것 같고 '전혀 성과가 오르지 않는 컨설턴트'라는 '몰입 상태'가 된 나에게, 공통의 가치관이나 센스를 지닌 학생들과의 교류로 느낀 사소한 행복감은 당시의 나로부터 탈피하는 대단한 계기가 되었다. 어떤 미래든 밝다고 생각했던 고등학생 시절로 돌아가, 그 시절에 몰입할 수 있어서 좋았다.

⚡

현재의 상태와 정반대의 SOMETHING NEW를 선택하자

그러므로 만약 날마다 숨 막히는 상태가 지속되는 사람은 평소에

하지 않는 기분 전환 방법을 택해 보고, 실패가 거듭되어 우울한 사람은 작은 성공 체험을 쌓아 올릴 수 있는 새로운 무언가를 시도해 보는 것이 좋다. 자신이 매일 맛보는 감각과는 정반대의 성격을 지닌 자극을 받을 수 있는 경험을 선택을 하는 것도 좋다.

평소 스트레스가 쌓이는 나날을 보내는 사람은 긍정적인 SOMETHING NEW를 찾아보자. 늘 하는 기분 전환이 아니라 무언가 새로운 체험, 무언가 새로운 장소, 사람, 음악, 책, 예술, 패션을 접해 보자.

한편 **스트레스가 없는 나날을 보내고 있는 사람이라면 일부러 부정적인 SOMETHING NEW를 선택해 보자.** 평소에는 하지 않는 일 중에서 생리적으로 아주 받아들이지 못하는 것은 아닌 일들을 찾아보자. 그다지 내키지 않았던 일 중에서 좋은 자극이 될 것 같은 일들을 골라 보는 것이다.

현재 내가 이 방법을 사용하고 있다. 여러 가지 일들이 잘 돌아가고 있다고 느끼고 있는 상황이기 때문에, 일부러 별로 내키지 않는 SOMETHING NEW를 선택하는 경우가 많아졌다.

지금까지 열다섯 권 이상의 책을 출간하고 칼럼니스트로서 인터넷에서도 얼굴을 알리기 시작하자 나는 고급 호텔이나 고급 레스토랑에만 발을 들이게 되었다. 서양인만 출입하는 긴자의 고급 가게에 틀어박히거나, 경영자의 소개가 아니면 들어갈 수 없는 고급 요릿집에서 날마다 식사하기도 했다. 이내 한층 더 들떠서 연예인 전용 회원제 피트니스클럽에 관심이 생겼고 두바이의 콘도미니엄 투자 이야기에 귀를 기울이게 되자 과거에 체험한 적 없는 행복감을 느꼈다. 밑바닥에서 기어 올라온 나에게 무한한 가능성이 있음을 실감했다. 그렇게 불성실한 생활을 보내던 시기가 얼마 동안 계속되었다.

하지만 조금씩 자극 순화 현상이 일어났다. 아무리 맛있는 초밥을 맛보아도 만족할 수 없었다. 텔레비전에서 해설자로 활약하는 젊은 유명인을 소개받았을 때에도 순간적으로 희열을 느꼈지만, 나중에 추체험할 만큼의 임팩트는 느껴지지 않았다. 이런 성격의 SOMETHING NEW는, 애초에 싸구려 술집에서 정신없이 취하던 아버지 밑에서 자랐고 청년해외협력대에서 3년이나 중미에 있었던 나를 지속적으로 행복하게는 만들 수 없었던 것이다.

⚡

사고 과정의 경직화를 막는 것은 새로운 자극이다

사고 프로그램은 과거 체험의 임팩트×횟수로 이루어진다고 했다. 개인마다 사고 프로그램이 서로 다른 이상, 어떤 자극이 어떤 감각을 유발하는지는 사람에 따라 다르다. 지금도 출장을 갔을 때 이따금 캡슐 호텔에서 편의점 도시락을 먹거나, 아웃도어 제품을 비즈니스호텔에 가져가서 라면이나 카레라이스를 직접 만들어 먹는다. 옆방의 텔레비전 소리가 들려오는 변두리 비즈니스호텔에서 하룻밤을 보내는 것은 지금의 나로서는 약간 견디기 힘든 면도 있다. 예전이라면 아무

것도 느끼지 못했겠지만 사치를 알게 된 탓에 사고 프로그램이 변화해 버린 것이다.

그러므로 이따금 부정적인 SOMETHING NEW가 필요하다. 이렇게 함으로써 흔들리지 않는 성격이 형성되어 간다. **오른쪽으로 가면 왼쪽으로, 왼쪽으로 가면 오른쪽으로 방향을 틀어서 균형을 맞춰 주는 셈이다.** 새로운 자극을 꾸준히 주는 이유는 **자신의 사고 과정을 경직시키지 않기 위해서다.** 끊임없이 자극을 주며 사고 프로그램을 부드럽게 풀어 줌으로써 현상 유지로 치닫는 것을 막을 수 있다.

변화 내성을 떨어뜨리지 않는 방법

무언가 새로운 일에 도전할 때는 하고 나서 그만이 아니라, 그것을 한 결과로서 자신의 감각에 어떤 변화가 있는지를 돌이켜 보는 일이 수반되어야 한다. 예를 들어, 나는 무언가를 배울 때 일부러 엄격한 강사를 고른다. 나는 직업상 가르치는 쪽에 15년 가까이 위치해 있었지만 때로는 배우는 쪽에 서야 한다고 스스로 다짐한다.

나는 학생이 베스트셀러 작가이든, 전국적으로 회원을 거느린 '절대 달성 사장의 모임'의 대표이든 가차 없이 엄격하게 대해 주는 강사가 좋다. 내가 어느 정도 인지도가 올라가니 나에게 시시콜콜 지적하는 사람이 사라졌다. "요코야마 씨가 그렇게 말씀하시니 그게 맞겠

죠."라는 배려의 말을 항상 듣게 되는 지위에 올라 버린 것이다. 그래서 "그런 수준에서 만족하다니 너무 나태해진 것 아닌가요?", "당신보다 10배, 100배 대단한 사람은 이 세상에 넘쳐나요."라고 따끔하게 말해 주는 강사를 만나면 약간 거북해지기도 한다. 솔직히 상처를 받기도 하고, 더 이상 그 강좌에는 참가하고 싶지 않다는 생각이 드는 것도 사실이다. 하지만 이전에는 매일같이 주변 사람들로부터 질책을 당했는데 지금은 "대단해.", "멋있어." 같은 칭찬의 말만 듣고 있는 것은 그 자체로 문제다. 그래서 이따금 따끔한 질책의 말을 들으면 속상한 마음이 듦에도 불구하고 이를 악물고 꼭 강좌에 참석한다. 올림픽에 출전하는 선수조차 코치의 호된 질책을 견뎌 가면서 훈련을 한다. **호된 질책을 듣지 않는 입장이 되면 변화 내성은 떨어지기 시작한다.**

30세를 넘어 40세, 50세가 되면 나름대로 사회적 지위도 오르고 그만큼 강한 변화와 성장을 요구받지 않게 된다. 그러나 이제는 '인생 100세 시대'다. 그리고 나는 아직 마흔아홉 살이다. 인생의 반환점에도 도달하지 않았는데 변화에 대한 습관이 사라져 버린다면 앞으로 남은 50년 이상의 시간이 염려된다.

⚡

꾸준히 리프레이밍하자

변화를 지속하면 어떤 대상에 대한 자신의 해석이나 반응 방법이 조금씩 달라진다. 이를 리프레이밍reframing이라고 한다. 갓 태어난 아기는 사고 프로그램이 아직 완전히 갖춰지지 않아 사고가 매우 유연하다. 하지만 이내 사고 프로그램은 굳어져 버리고, 이렇게 굳어져 버린 사고 프로그램을 다른 형상으로 바꾸기 위해서는 부드럽게 만들어야 한다. 그래서 **임팩트의 강약을 의식하고 DO SOMETHING NEW를 반복하면서 리프레이밍을 꾸준히 해 나갈 필요가 있는 것이다.** 만약 그 결과 '의외로 괜찮네.'라고 느껴지는 사항이 늘어나는 것이 실감된다면 그 느낌은 곧 인생의 선택지가 늘어 가는 느낌일 것이다.

⚡

사람을 극적으로 바꾸는 계기는 갑작스럽게 찾아온다

내가 운영하는 '절대 달성 사장의 모임'은 현재 일본 전국에서 600명 이상의 회원을 모았다. 이 모임의 이념은 높은 목표를 설정하고 그 목표를 반드시 달성하고자 하는 경영자나 직장인을 지원해서 일본 경제를 발전시키고 사회에 공헌하는 것이다.

경영자들이 아침 7시에 각지에서 모여들어 사업 계획 등을 프레젠테이션하고 그것을 실제로 행하는 것이 이 모임의 주요 활동이다. '그 모임에 가면 의욕이 솟아난다.', '목표를 달성하는 것이 수월해진다.'라는 느낌을 줄 수 있도록 특수한 환경을 제공한다.

당초에는 수십 명으로 출발한 모임이 어느새 규모가 커지더니 전국 여덟 곳에 지부를 두게 될 만큼 조직화가 진행되었다. 그러자 모임의 이사, 간사, 후원자 등을 둔 기능별 조직으로 진화했고 '절대 달성 러닝 클럽'이나 '절대 달성 피트니스' 같은 동아리도 몇 개 생겨나면서 복잡한 매트릭스 조직으로 탈바꿈했다. 지역별, 기능별, 계층별로 주요 회원이 자연스럽게 출현해서 각 모임의 지도자 역할을 맡기 시작했다. 그런 회원들은 한목소리로 "설마 경영자인 내가 모임을 위해 자원봉사를 하게 될 줄은 몰랐습니다."라고 말한다. 그리고 거의 모든 회원이 '좋은 경험이 된다.'라고 말하며 모임 활동을 긍정적으로 바라보고 있다. 이것도 일종의 우발적인 계기로 새로운 아이덴티티가 생겨나 긍정적 리프레이밍을 하게 된 사례라고 할 수 있지 않을까?

또한 내 주변에는 평소에 회사원으로 일하지만 부업으로 부동산 투자를 시작해 3억 엔 정도의 부동산 자산을 보유한 30대 초반의 지인이 있다. 물론 융자를 받았지만 아무것도 없는 상태에서 시작해 그 나이에 3억 엔의 자산을 모았으니 꽤 순조로운 편이라 볼 수 있다. 그는 부동산 투자를 주제로 강연을 열기도 한다.

그는 원래 돈에 대해 편견 같은 것이 있어서 투자를 할 생각이 전혀 없었다. 그런데 우연히 임팩트 있는 지식을 익힘으로써 돈에 대한 편견이 순식간에 사라진 것이 투자를 시작하게 된 계기였다. 또 우연히 부동산 투자의 요령을 파악하면서부터 완전히 부동산 투자에 빠져들었다.

즉, 그는 사실 지금의 경제적 성공을 전혀 노리지 않았다. 물론 애초에 투자 센스가 있었기 때문에 성공한 것이겠지만 그 재능도 돈에 대한 본인의 사고방식을 바꾸지 않았다면 발견하지 못했을 것이다.

내 주변에서는 위와 같은 이야기가 적지 않다. **우발적인 계기로 자신의 진정한 재능을 발휘할 수 있는 분야를 만난 것이다.** 하지만 평소에 새로운 일을 계획적으로 해 보려고 시도하지 않으면 그런 재능을 발견할 수 없다. 이는 전형적인 '계획된 우연'이다. 돈벌이만 생각하던 사람이 세계의 빈곤 문제를 지식으로서 알게 되자 마음이 움직여서 자선 활동에 열중하게 되는 경우도 있다.

성실히 일하는 사람, 투자로 돈을 버는 사람, 자선 활동에 임하는 사람. 그 선택에는 좋고 나쁨이 없다. 중요한 것은 이들 모두가 어떤 일을 계기로 자신의 사고방식이나 언동을 변화시켰고 지금은 행복을 느끼면서 하루하루를 보내고 있다는 사실이다.

나도 마찬가지다. 이직한 당초에는 영업 컨설턴트로서 유명해지겠다거나 책을 내겠다는 등의 분수에 맞지 않는 소망을 전혀 품지 않았다. '지금 이대로는 안 된다. 새로운 나로 달라져야 한다.'라고 생각했을 뿐이다. 다소 힘겨운 일도 있었지만 내키지 않는 일도 열심히 해 보니 성과가 나타났고, 그것이 주변으로부터 생각지도 못한 높은 평가를 받았다. 그리고 더 위를 향해 나아가야겠다고 생각하니 한층 더 성과를 내기 시작했고 **나도 모르는 사이에 미지의 장소까지 도달하게 되었다.**

나는 일찍이 영업직에 대해서는 매우 커다란 편견을 가지고 있었다. 그랬기 때문에 학창 시절에는 내 마음속에서 갖고 싶지 않은 직업

2위가 영업직 종사자였다. 1위는 프로레슬러였다. 이는 내가 몸이 약했기 때문이었으니 내가 영업직을 얼마나 싫어했는지 헤아릴 수 있을 것이다.

그런 내가 지금은 영업 컨설턴트로서 영업부 전체를 지도하는 입장에 서 있다. 이 극적인 변화에 가장 놀란 사람은 나 자신이다. 그토록 영업을 질색하던 나였지만 지금은 '다시 태어나도 영업과 관련된 일을 하고 싶다.'라고 마음속 깊이 생각하며 알찬 나날을 보내고 있다. 우연의 연속으로 지금의 내가 있다.

⚡

자신만의 계기를 찾아내야 한다

DO SOMETHING NEW를 습관화하는 것의 장점은 사고 프로그램을 유연하게 만드는 것 외에, **자신을 변화시키고 강하게 만들어 주는 계기와 우연히 만날 확률을 높이는 효과도** 있다. 계기라는 것은 생각할수록 심오하다. 내가 언론 취재를 받을 때마다 매번 화제에 오르는 것이 내 이색적인 프로필이다. 기자나 인터뷰어 들은 "요코야마 씨는 서른다섯 살까지 시스템 엔지니어로 일하셨으니 영업 경험이 없으시군요?"라고 말하며 약간 의아한 표정을 짓곤 한다.

컨설턴트라는 직업은 특정 영역에서 활동하며 특출한 실적을 남긴 사람이 현장을 떠난 후에 갖는 직업이라는 인식이 사회적으로 형성되어 있다. 때문에 나처럼 갑자기 활동 분야를 바꿔서 좋은 결과를 내고 있다는 사실이 좀처럼 쉽게 이해받지는 못하는 것이다. 그렇다 보니 항상 함께 따라오는 질문이 있다. 바로 계기에 대한 질문이다. "어떤 계기로 영업 컨설턴트에 눈을 뜨게 되었습니까?"

군이 대답하자면 NLP를 접하게 된 것이 계기이다. 하지만 그렇게 대답하기가 망설여지기도 한다. 왜냐하면 내가 그렇게 대답한다고 해도 독자에게 재현성이 없을 것이기 때문이다. 이는 이 책의 중요한 메시지이므로 강조해 말하고 싶다. **계기라는 것은 결과론**이다. 어떤 일이 행동을 일으켜 내고 어떠한 전환점으로 작용하고야 말았을 때 비로소 어떤 일이 계기로 인정받는다. 어떤 인물과 만나거나, 어떤 다큐멘터리 프로그램을 보고 감동을 받거나, 큰 병에 걸려 인생관이 달라지는 등의 전환점은 모두 우연이다. 따라서 **계기는 기본적으로 의도적으로 얻을 수 있는 성질의 것이 아니다.** 나 역시도 곧바로 영업 컨설턴트로서 실적을 낼 수 있었던 것이 아니었다. 상당히 헤매고 갈팡질팡하던 과거가 있다.

언론에서 기사를 작성할 때에 그런 본질적인 이야기까지 파고들어가 준다면 기꺼이 그렇게 대답하겠지만, 단순히 독자에게 참고가 될 만한 답을 원하는 것이라면 "자신을 변화시키는 계기를 찾으려고 한 것이 계기입니다."라고 말하는 것이 가장 성실하고 정확한 대답이 될지도 모르겠다.

이러저러한 일을 하면 인생이 금방 달라질 것이라는 식의 달콤한 지름길은 세상에 실제로 존재하지 않는다. 다만 **계기를 잡는 방법이나 새로운 자신으로 다시 태어나기 위한 지름길은 확실히 존재한다**고 자신감 있게 말할 수 있다.

⚡

과거의 계기에서 공통점을 찾자

여기에서 간단한 연습을 함께 해 보자. **성인이 된 후로 자신이 변화한 타이밍을 떠올려 보기 바란다.** 강은 똑바로 흐르지 않고 굽이굽이 흘러간다. 이와 마찬가지로 우리 인생도 직선으로 그릴 수 있는 경우가 거의 없다. 자신을 변화하게 했던 계기들에는 어떤 패턴이 있을 것이다. 그 패턴을 분석해 알아 두는 것은 유의미한 일이다. 자신의 경직된 사고 프로그램을 유연하게 바꿔 줄 수 있는 계기가 무엇인지 탐색하는 시간을 단축하도록 도와줄 것이기 때문이다.

당신의 과거를 돌이켜 보자. 어떤 타이밍에선가 인생의 터닝 포인트를 체험해 보았을 것이다. 그것을 찾아내고 객관적으로 바라보기 바란다. **최소한 세 가지를 써 보자.** 사소한 일이라도 상관없다. 예를 들면 다음과 같다.

초등학교 때는 축구부였지만, 중학교 이후에는 농구에 열중했다. 고등학교 2학년 때 농구부를 그만두고 록밴드의 베이스를 담당해서 축제 때 무대에 올랐다. 고등학교를 졸업한 후로는 뮤지션을 꿈꾸면서 4년 동안 아르바이트를 전전하다가, 스물두 살에 인쇄 회사의 영업 사원이 되었다.

이어서 왜 그렇게 자신이 달라졌는지 그 **계기에 대해 써 보자.**

왜 축구를 그만두고 농구를 하기로 했는가? 아마도 중학교 축구부의 선배가 무서웠기 때문에 친구와 함께 농구부로 바꾸었을 것이다.

농구는 좋아했지만 부상을 당한 후부터 농구부 활동에 소원해졌고, 친한 친구의 권유로 그다지 흥미가 없었던 밴드 활동을 시작했다.

인쇄 회사에 취직한 것은 단순히 돈이 없었기 때문이다. 당시에 사귀던 여자 친구나 부모님이 밴드를 그만두라는 말을 끊임없이 해 대도 나는 귀담아듣지 않았다. 하지만 자동차가 망가져서 바꾸고 싶은데 돈이 없자, 역시 취직하는 게 좋겠다고 결정했다.

돌이켜 보면 인생의 흐름을 바꾼 것이 그다지 커다란 계기가 아니라는 것을 알 수 있을 것이다. 사소한 사건이 계기가 되어 강의 흐름을 변화시킬 만큼의 결단이 이루어져 왔던 것이다. 여기에서 알아야 할 것은 **자신을 바꾸는 것이 영화나 소설에 등장하는 드라마틱한 계기가 아니라는 사실**이다.

이어서 자신의 사고 패턴에 변화를 준 자극에 **규칙성이 없는지 생각해 보자.**

축구보다 농구를 선택한 것은 분명히 무서운 선배 밑에서 훈련받는 게 싫었기 때문이기도 했지만, 의외로 농구부 유니폼이 마음에 들었기 때문이기도 했다.

록밴드에 가입하기로 결심한 것도 밴드의 로고 마크가 마음에 들었기 때문이다. 사실 다른 밴드에서도 가입 권유를 받았지만 결정적인 계기는 그 로고였던 것 같다.

인쇄 회사를 선택한 것도 회사 홈페이지가 멋있었기 때문이었다. 그리고 직원들도 젊었고 여성도 많았고 다들 활기찬 표정으로 일하고 있었다. 회사의 대우 조건 같은 것은 따지지도 않았다. 그냥 느낌이 좋아 보였다.

⚡
결정적인 계기는 대부분 사소한 일이다

커다란 결단을 내린 이유는 나중에 얼마든지 미화할 수 있다. 나도 청년해외협력대에 참가한 이유, 귀국 후에 시스템 엔지니어로 히타치 제작소에 취직한 이유, 경영 컨설팅 회사로 이직한 이유 등을 얼마든지 그럴듯하게 포장해서 이야기할 수 있다. 그러나 그 **결정적인 계기를 파고들면 사실 대부분은 사소한 일인 경우가 많다.** 그 점을 깨닫는 것이 중요하다.

자신의 의지로 인생의 흐름을 바꿔 온 사람이라면 자신을 강하게 만들 필요조차 없다. 왜 그런 결단을 내렸는지, 왜 그 길을 걸어 왔는지, 자기 자신이 가장 잘 알 것이기 때문이다.

더 강해지고 싶고 사소한 일로 흔들리지 않는 정신력을 손에 넣고 싶다고 생각하는 사람은 명확한 자신의 의지로 인생의 흐름을 바꿔 온 것이 아니라는 점을 깨달아야만 한다. 그렇기 때문에 자기분석에 이렇게 파고들어 볼 필요는 분명하다.

⚡

계기의 영향력은 점점 커진다

자기분석을 통해 **계기를 패턴화**할 수 있다면 **임팩트가 강해 보이는 자극을 의도적으로 추려 조금이라도 더 좋은 계기와 만날 확률을 높일 수 있다.** 게다가, 지금까지 그럴 것이라고 믿었던 대상이 의외로 그렇지 않다는 사실을 논리적으로 정확히 확인하는 것 자체가 자신에게 새로운 변화의 경험이라는 점을 이해할 수 있다. 그것은 곧 자신감으로 이어진다.

덧붙여 계기는 어떤 하나의 점에 머물지 않고 눈덩이처럼 영향력을 불려 나가는 경우가 매우 많다는 사실도 알아두기 바란다. 처음에는 자그마한 점이지만 어느새 눈덩이처럼 커져 강력한 존재감을 발휘할 것이다. 별것 아닌 누군가의 말 한마디로 새로운 일에 도전해 봤더니, 그 새로운 일이 계기가 되어 성공 체험을 쌓게 되고, 그 성공 체험 덕분에 누군가와 인연이 이어지고, 그 사람과 무언가 새로운 일을 하기 시작했더니, 또 겪어 보지 못한 성공 체험을 하게 된다는 식의 이야기가 성공 사례의 대부분이라는 점을 알아 두자. 어떤 계기를 분석할 때에는 그런 연쇄적 과정까지 분석하면 더욱 효과적이다.

⚡

계기로 발전할 수 있는 53가지 요소

계기를 분석하는 데 참고가 되도록 **구체적으로 어떤 유형의 계기가 있는지 분류**해 보겠다. 이러한 분류는 계기라는 것이 어떤 요소들로 구성되어 있는지를 분석적으로 바라볼 수 있는 틀을 제공하고, 자신이 경험한 실제 계기가 이러한 요소 중 어떤 요소들의 조합으로 이루어졌는지를 파악하고 이해하는 데 도움이 된다. 당신이 지금까지 어떤 계기로 변화해 왔는지, 나아가 어떤 요소들이 당신의 인생에 계기로 작용했는지를 파악하면 분석의 정밀도가 부쩍 높아질 것이다.

예를 들어, 친구가 '자신을 변화시키고 싶다면 역시 여행을 가야 한다.'라고 조언해 준다고 생각해 보자. 그런데 여행은 다양한 성격을 지닐 수 있다. 여행의 목적은 무엇인가? 부정적인가, 긍정적인가? 어떤 자극을 받는가? 어떤 우위 감각의 사람과 함께 가는가? 어느 시기에 가는가? 어떤 이벤트를 보러 가는가? 이런 다양한 요소에 따라 변화의 계기와 만나게 될 확률이 달라진다. 그것은 사람에 따라서 다르다. 조용한 환경에서 자신을 새로이 바라보는 일이 변화의 계기로 작용하는 사람이 있고, 활동적인 경험을 하는 것이 변화의 계기가 되는 사람도 있다.

$$\lightning$$

계기로 발전할 수 있는 요소들 ❶ | **사람**

- **가족, 친지**(부모, 형제, 자식, 친척 등)

- **애인, 배우자**

- **친구**

- **교사, 강사**

- **선배, 상사**

- **유명인**

- **동료**(같은 목적을 공유하는 사람)

- **가공의 인물**(영화, 소설, 만화의 등장인물)

- **우연히 만난 지인**

- **기타**(이름도 모른 채 스쳐 지나가는 사람, 텔레비전에서 본 사람 등)

'사람을 바꾸는 것은 사람이다.' 이는 틀림없는 사실이다. 직접 만나 이야기를 들으면서 변화의 계기를 얻는 경우도 있고, 책이나 텔레비전 등의 매체를 통해 누군가를 알게 되면서 자신을 바꾸는 계기를 손에 넣을 수도 있다.

일상적으로 얼굴을 마주하는 사람(가족, 친구, 상사 등)이 변화의 계기가 되는 경우에는 대부분 어떠한 이벤트가 수반된다(애인과의 결별,

아이의 탄생, 선배의 질책 등). 반대로 일상적으로 마주하지 않는 사람(유명인, 텔레비전에서 본 사람, 여행지에서 만난 사람 등)은 그 만남 자체가 계기가 될 수 있다.

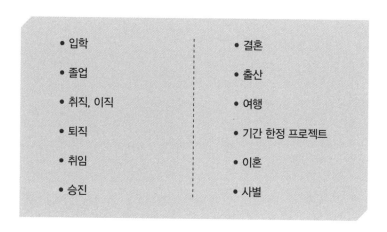

계기로 발전할 수 있는 요소들 ❷ | 이벤트

- 입학
- 졸업
- 취직, 이직
- 퇴직
- 취임
- 승진

- 결혼
- 출산
- 여행
- 기간 한정 프로젝트
- 이혼
- 사별

입학, 취직, 이직 같은 이벤트는 변화의 전환점이 되기 쉽다. 혹은 새로운 프로젝트를 맡거나 승진하는 것을 계기로 변화하는 사람이 많다. 이는 역시 환경이 강제적으로 달라지기 때문이다.

만남이 계기가 되는 경우도 있지만, 이별이 계기가 되는 경우도 있다. 졸업, 퇴직, 이혼, 사별 등도 사람이 크게 달라지는 계기를 가져다 준다. 자신이 어떤 사람인지 고민함으로써 아이덴티티에 변화를 줄 수 있는 사건이기 때문이다.

⚡

계기로 발전할 수 있는 요소들 ❸ | **체험**

- 성공
- 실패, 좌절
- 발견, 깨달음
- 소실

체험은 뇌에 곧장 임팩트로 이어지기 때문에 변화의 계기가 되기 쉬운 요소이다. 예를 들어 어떤 프로젝트를 맡아 진행한다고 해 보자. 일을 진행한다는 것 그 자체로 사람이 금방 달라지는 것이 아니라, 그 프로젝트를 통해 지금까지 경험한 적 없는 성공과 실패를 겪음으로써 변화의 계기를 만나게 되는 것이다.

텔레비전에서 흘러나오는 세계의 참상이나 전쟁으로 고통받는 사람들을 보고 무언가 깨달음(발견)을 얻는 경우도 있고, 소중한 것을 잃어버리는 체험의 강렬한 임팩트로 변화의 계기와 접하는 경우도 있다.

⚡

계기로 발전할 수 있는 요소들 ❹ | **대상**

- **돈**   • **물건**   • **서비스**

빚이 늘어나거나 큰돈을 버는 등 돈에 관한 일은 대부분 임팩트가 큰 편이기 때문에 변화의 계기가 되기 십상이다. 그와 마찬가지로 형태 있는 물건을 손에 넣거나 잃어버림으로써 변화하는 사람도 있다. 무형의 어떤 서비스와 접하는 것이 계기가 되는 사람도 있다.

⚡

계기로 발전할 수 있는 요소들 ❺ | **장소**

- **가족의 장소**(집)

- **배우는 장소**(학교, 연수원 등)

- **일하는 장소**(사무실, 매장, 공장 등)

- **놀이의 장소**(콘서트장, 경기장 등)

- **동료와 지내는 장소**(자원봉사를 위한 장소 등)

- **비일상적인 장소**(여행지 등)

일상적인 장소는 자극이 적기 때문에 어떠한 특별한 이벤트나 체험을 조합되면 일상적인 장소도 변화의 계기로 작용할 수 있다. 변화의 계기를 마주칠 확률을 높이려면 비일상적인 특별한 장소로 일부러 나가 보는 것도 좋을 것이다.

⚡

계기로 발전할 수 있는 요소들 ❻ | 매체

- 책
- 텔레비전, 라디오
- 신문, 잡지

- 인터넷 정보
- 블로그, SNS(페이스북, 트위터)
- 강연

지식으로 무장하기 위해서는 여러 가지 매체를 활용해야 한다. 그리고 매체의 임팩트를 특별히 좌우하는 요소는 사람이다. 영향력 높은 사람이 등장하는 매체일수록 변화의 계기를 얻을 가능성이 높다. 그 사람이 쓴 책, 그 사람이 출연한 텔레비전, 그 사람에 관한 잡지나 인터넷 정보를 접함으로써 인생을 변화시키는 계기를 얻게 된다.

⚡

계기로 발전할 수 있는 요소들 ❼ | **정보**

- 글, 말
- 사진, 동영상
- 소리, 음악
- **감각**(미각, 후각, 촉각 등)

　우위 감각(VAK)과 관련된 요소다. 어떠한 정보, 지식, 지혜를 손에 넣음으로써 사고방식이 달라지는 경우가 자주 있는데, 그 종류는 감각에 따라 분류할 수 있다. 누군가의 말이나 글을 접하면서 변화의 계기를 얻는 사람도 있고, 언어화할 수 없는 감각에서 강한 영향을 받아 계기로 삼는 사람도 있다.

⚡

계기로 발전할 수 있는 요소들 ❽ | **타이밍**

- 아침
- 휴일
- 월초
- 연도가 바뀌는 시기
- 춘하추동

　이벤트만큼 눈에 띄는 전환점은 아니지만, 여러 가지 타이밍도 변화의 계기가 될 수 있다. 예를 들어 휴일을 보내는 방법을 바꿔볼 수도 있고, 여름을 좋아하는 사람은 여름에 집중적으로 활동함으로써 변화의 계기를 찾아볼 수도 있을 것이다.

⚡

계기로 발전할 수 있는 요소들 ❾ | **컨디션**

> • **몸의 컨디션**　　• **마음의 컨디션**　　• **환경의 컨디션**

큰 병을 앓거나 정신적으로 피폐해지는 경험을 거치면 사고방식이나 가치관이 180도 바뀌는 사람이 많다. 혹은 일하는 회사의 상황(환경의 컨디션)이 악화되어 생각을 고쳐먹는 사례도 흔하다. 다만 그런 다소 강제적인 변화가 아니더라도, 컨디션의 좋고 나쁨은 변화의 계기를 받아들이는 태도 자체에 분명한 영향을 미친다.

예를 들어, 컨디션이 좋을 때는 긍정적인 메시지에 반응하고 컨디션이 나쁠 때는 차분한 메시지에 반응한다. 같은 메시지라도 컨디션에 따라 해석이 달라지기도 한다. 과거의 계기에서 공통점을 찾아보다가 '왜 이때와 저때에 반응이 달랐을까?' 하는 의문이 든다면, 그것은 컨디션 차이 때문일지도 모른다. 이를 미처 생각하지 못하는 경우가 적지 않다.

⚡ 소소한 SOMETHING NEW를 꾸준히 시도하자

변화의 계기는 이처럼 53개의 요소를 꼽아 볼 수 있을 만큼 다양하다. 그러므로 '인생을 바꿀 만큼 커다란 계기는 무엇일까?'라고 막연히 고민하는 것은 바람직하지 않다. 계기라는 것은 결과론이기 때문이다. **변화의 계기를 자기 나름대로 구체화해서 실험을 거듭하는 식으로 자그마한 SOMETHING NEW를 꾸준히 실천해 나가자.**

예를 들어, 나는 과거를 돌이켜보니 압도적으로 책이나 세미나가 변화의 계기가 되는 경향이 분명했음을 발견했다. 흥미롭게도 베스트셀러 서적보다 별 생각 없이 구입한 책에서 커다란 깨달음을 얻는 경우가 많았다. 그래서 지금도 서점이 눈에 띄면 주저하지 않고 들어가서 매대에 깔린 책들을 곁눈질하면서 곧장 서가 앞에 선다. 그리고 서가에 꽂힌 책등을 바라보면서 직감적으로 마음에 드는 책을 두세 권 추려서 구입한다.

세미나의 경우에는 앞서 말했듯이 강사가 엄격해야 커다란 깨달음을 얻을 수 있다. 또한 50만 엔 이상의 고액에다가 긴장감이 흐르는 세미나에 참가해서 나를 몰아붙여야 많은 가르침을 얻을 수 있다. 그리고 일회성으로 끝나는 세미나보다 10회 이상 계획되어 있는 세미나나 반년 코스의 세미나 등 장기간의 세미나가 내 성격에 맞는다. 아마도 엄격한 강사와 장기간 마주하다 보면 수강자끼리 단결력이 높아져서 세미나의 분위기가 좋아지기 때문일 것이다.

일이 잘 풀리지 않을 때일수록 자신을 인정해 주는 상사가 필요하고, 일이 잘 풀릴 때일수록 자신을 엄격하게 지적해 주는 인생의 선배가 필요하다.

논리적으로 생각하는 경우가 많은 나는 폭포 수행을 체험하거나 마인드풀니스 명상에 도전할 때 비로소 잡념을 차단할 수 있다. 새로운 발견을 하거나 마음속 목소리에 귀를 기울이는 것이다.

V(시각)와 A(청각)가 우위 감각인 나는 일부러 K유형의 SOME-THING NEW를 적절한 타이밍에 실천한다. 당연히 나로서는 내키지 않는 부정적인 SOMETHING NEW를 실천한다. 내 과거를 분석한 결과, 부정적인 SOMETHING NEW를 내 생활에 도입하면 새로운 발견과 변화의 계기를 만날 확률이 높아짐을 알 수 있었다. 이는 어디까지나 나만의 규칙성이므로 그대로 흉내 낼 필요는 없다.

인생을 강에 비유하고 그 강물의 흐름을 바꾼 계기를 분석해 보니, 계기의 성격이 이렇게까지 구체적으로 좁혀진다. 이 정도의 규칙성을 발견한다면 앞으로는 시행착오를 줄일 수 있을지도 모른다. 변화의 계기를 만날 확률도 높아질 것이다.

물론 **어떤 조합이 가장 좋은지에 대해 정답은 없다.** 그러므로 자기 나름대로 생각한 규칙성은 어디까지나 가설로 놔 두어도 괜찮다. 가설을 토대로 실험을 반복하면서 조금씩 정밀도를 높여 가는 정도면 딱 좋다.

환경을 바꾸자

자신을 바꾸는 가장 좋은 계기는 환경을 바꾸는 것이다. 하지만 환경을 바꾸기는 좀처럼 쉽지 않다. 그러므로 일단 자신의 행동부터 바꾸는 것을 추천한다. 그래도 환경을 바꿀 수만 있다면 당연히 환경을 바꾸는 편이 커다란 임팩트를 가져다줄 것이다.

애초에 사회적인 관계 속에서 살아가는 인간은 어느 그룹에 소속되면 자기 나름의 역할이나 위치(다시 말해, 아이덴티티)를 살피고 그에 맞게 자신의 언동을 조정해 가는 재주가 있다. 예를 들어, 자신만 생각하던 이기적인 사람이 어느 날 갑자기 리더로 임명받는다면 당황하면서도 점차 착실히 멤버들을 돌보는 방향으로 변화한다. 성미가 급한 두 사람이 일을 함께 하면서부터 어느 한쪽이 자연스럽게 두 사람의 관계를 차분히 조정하는 역할을 맡게 되는 변화가 일어나기도 한다. 이는 이른바 **자리가 사람을 만든다**는 말의 사례다.

조직론으로 이야기하자면, 구성원은 늘 비슷한 비율로 분포한다는 **2:6:2의 법칙**도 있다. 조직 구성원의 20퍼센트는 높은 평가를 받고, 60퍼센트는 평범한 평가를 받고, 나머지 20퍼센트는 낮은 평가를 받는다는 법칙이다. 그런데 높은 평가를 받던 상위 20퍼센트가 조직을 나가더라도, 평범한 평가를 받던 사람 중 일부가 자연스럽게 높은 평가를 받기 시작하면서 전체의 20퍼센트를 채운다. 반대로 낮은 평가를 받던 20퍼센트가 조직을 나가더라도 마찬가지로, 평범한 평가를 받던 사람 중 일부가 자연스럽게 낮은 평가를 받기 시작하면서 20퍼센트를 채운다.

나는 위와 같은 논리를 자녀 양육에 적용했다. 고등학교 입시를 앞둔 아들은 성적이 그다지 좋지 않다. 지망하는 학교는 아직 정하지 않았지만, 나는 아이가 적당한 학교에만 들어가도 만족스럽다. 약한 소리라고 생각할지도 모르지만 인격이 형성되어가는(사고 프로그램이 점점 만들어져 가는) 예민한 시기에 무리하게 명문 학교에 들어가서 열등감만 키우기보다는 처음부터 평범한 학교에 들어가 자신감을 키우는 편이 기나긴 인생을 생각하면 더 바람직하다고 생각한다.

예전에 아들의 축구부에서도 비슷한 일이 있었다. 아들은 두세 살부터 축구를 시작했는데, 그다지 재능은 없는지 주전으로 뽑히는 일이 없었다. 경기에 나설 수 없기 때문에 훈련도 점점 게을리하게 되었고 코치 선생님에게 야단을 맞는 일이 허다했다. 정말이지 악순환이었다. 사실 아들이 소속된 팀은 다른 팀에서 가장 잘하는 선수를 모아 놓은 듯한 엘리트 팀이었다. 아들이 그곳에 계속 있으면 자신감을 상실하고 축구에 대한 열정마저 잃어버릴 것이라고 생각한 나는 7~8년이나 속해 있던 그 팀을 과감히 그만두게 했다. 그리고 아들이 주전으로 경기에 나설 수 있을 만한 약소 팀에 아들을 넣었다. 그러자 기대했던 대로 경기에 나설 수 있게 된 아들은 훈련에 열심히 참가하기 시작했고 마음에 여유가 생겼는지 어린아이들을 가르치는 코치 역할을 자처하기도 했다. 자리가 사람을 만든다는 원칙과 2:6:2 법칙의 생생한 사례와 같은 변화였다. 지금도 아들은 중학교에서 축구 동아리 활동을 계속하고 있다. 좀처럼 주전 자리는 꿰차지 못하지만 분위기 메이커로서 친구들도 많이 사귀면서 학교생활을 즐기고 있는 것 같다.

⚡

변화 내성이 높은 타이밍을 이용하자

변화의 계기로 발전할 수 있는 53가지 요소 중에서 이벤트와 타이밍에 관해 이야기했는데 매우 중요한 것이므로 다시 한번 설명하겠다. 내가 운영하는 '절대 달성 사장의 모임'에서는 회원들이 스스로 내세운 목표와 사업 계획을 프레젠테이션한다. **손쉽게 실현할 수 있는 목표가 아니라, 언뜻 봐도 매우 높은 목표**를 내세운다.

처음으로 참가한 사람 중에는 이른 아침부터 진행하는 목표 프레젠테이션이 굉장히 부담스럽다며 당황하는 사람도 있지만 대부분은 익숙해져 간다. "모임의 분위기에 압도되어 평소에는 말하지 못하는 높은 목표를 내세울 수 있었다.", "무언가 새로운 일을 해낼 수 있을 것 같은 기분이 들었다."라고 말하는 사람이 많다.

사람들 앞에서 무언가를 공표한다는 것은 자극 수준으로 따지면 매우 높은 부류에 속한다. 자극이 크다는 것은 아마 부정적으로 받아들이는 사람도 많을 것이다. 높은 목표를 내세우는 만큼 임팩트도 강하다. 그런 임팩트를 습관화함으로써 사고 프로그램을 조금씩 바꿔 나가는 것이 이 모임의 목적이다.

여기에서 강조하고 싶은 것은 이러한 모임을 **아침에 한다는 것**이다. 아침에는 달리 약속이 없으니까 모이기 쉽다는 소극적인 이유만 있는 것이 아니다. 뇌가 상쾌해지는 아침 시간대는 생산성과 스트레스 내성이 높다는 과학적 근거가 있기 때문이다. 예를 들어, 하루 종일 기분 나쁜 일들이 쌓이면 불건전한 내적 체험을 여러 번 거듭하게 된다. 그 탓에 밤이 되면 사소한 일로 짜증을 내는 상태가 되고 만다. 하지만 다음 날 아침이 되면 왜 어젯밤에 그렇게 짜증을 냈는지 스스로 의아하게 생각하기도 한다. 이처럼 **스트레스 내성은 일정하지 않고 높낮이가 있다.**

아침 시간대 외에 스트레스 내성이 높은 타이밍은 **무언가의 전환점**이다. 앞에서 소개한 분류로는 '이벤트'에 해당한다. **설날, 생일, 신년, 입사, 이사, 승진, 결혼, 출산**과 같은 커다란 전환점에는 새로운 일이 일어날 것 같은 예감이 강하기 때문에 현 상태를 유지하려는 경향이 잠시 억눌리게 된다. 새로운 일에 도전하거나 도전하기로 결심하는 데 이보다 더 좋은 기회는 없다.

무언가가 '시작된다'는 말은 자동사이고 상황이 멋대로 시작된다는 뉘앙스를 지닌다. 하지만 무언가를 '시작한다'는 말은 타동사이고 자신의 의지로 시작한다는 뉘앙스를 지닌다. 좀처럼 자신의 의지로 새로운 일을 시작하지 못하는 사람은 **무언가가 시작되는 타이밍에 편승해**

서 무언가를 시작해 보는 것이 좋다.

다만 이러한 커다란 전환점은 자주 찾아오지 않는다. 그러므로 **자주 만날 수 있는 전환점, 즉 하루의 시작인 아침을 활용**하자. 나는 그런 아침을 매일 맞이하고 싶어서 10년 이상 전부터 일찍 잠자리에 들기 시작했다. 일찍 잠자리에 들기 시작하니 낮 동안의 생활도 그에 맞게 바꿔야 했다. 이렇게 아침, 점심, 저녁, 밤의 생활을 바꾸어 나가면 인생을 조금씩 호전시킬 멋진 계기와 만날 가능성이 높아진다. 이는 여러 가지 SOMETHING NEW를 실천해 가면서 내가 발견한 법칙이다.

'오늘도 새로운 하루가 시작되었다. 오늘은 어떤 새로운 일이 기다리고 있을까?' 매일 아침마다 그렇게 생각하게 된다면 당신은 이미 변화 내성이 강한 사람이 된 것이다.

⚡

중독성이 높은 일을 시작해 보자

여러 가지 종류의 SOMETHING NEW가 있지만, 최근에 나는 **중독성 높은 행동이 변화의 계기가 되기 쉽다**고 생각하게 되었다.

'절대 달성 사장의 모임'에는 '절대 달성 러닝 클럽'이라는 동아리 활동이 있다. 내가 먼저 달리기나 근육 트레이닝을 하고 싶어서, 운동과 무관할 것 같은 사람들을 굳이 끌어들여서 시작한 동아리다. 평소에 달리기 습관이 있거나 마라톤 대회에 참가할 만큼 운동에 열성적인 사람들이 전혀 없던, 순수한 일반인 동아리였다. 그런데 동아리에서 매일같이 조깅을 습관화하면서부터 마라톤 대회에 참가하는 멤버가 늘어났다. 전국을 돌며 울트라마라톤, 트라이애슬론, 트레일런, 철인경기 등에 참가하는 사람도 나타났다. 달리기 동호인들이 애독하는 잡지에 등장한 멤버도 있고, 건강 잡지 『TARZAN』의 표지를 장식한 멤버도 있다. 본격적으로 마라톤을 하는 다른 회원까지 끌어들여 이제는 멤버가 100명을 넘는 동아리로 발전했다.

달리기라는 행위는 중독성이 높다. 몸이 서서히 익숙해지면 대부분의 사람은 이전보다 더 오래, 더 빠르게 달릴 수 있기 때문에 비교적 단시간에 성장의 기쁨을 맛볼 수 있고 금세 빠져들게 된다. 이처럼 중독성 높은 SOMETHING NEW를 찾아낸다면 예전에는 상상할 수 없던 자신으로 변화하는 계기를 만날 수 있을 것이다.

이와 마찬가지로 이유로 많은 사람들이 근육 트레이닝이나 암벽등반 같은 운동에도 쉽게 빠져든다. 운동에 빠져드는 것을 계기로 식생활이 바뀌고, 시간을 보내는 패턴도 바뀌고, 인간관계도 바뀐다. 사람에 따라서는 업무 방식이 바뀌기도 한다. 실로 BE SOMETHING NEW가 실현되는 셈이다.

지금의 자신이 그것에 흥미가 있는지 없는지는 관계없다. 오히려 **흥미가 없다고 생각하는 일에 도전해서 중독되는 편이 새로운 자신으로 변화하는 데 더 도움이 된다.** 또한 중독 상태가 되면 하루 종일 그 일만 생각하게 되기 때문에 사고 프로그램을 쉽게 고칠 수 있는 상태가 된다.

따라서 중독 상태는 자신을 크게 변화시킬 기회이다. 특히 **자신감이 생겨난다**는 점이 가장 큰 효과다.

'절대로 못할 것으로 생각했던 풀코스 마라톤을 완주했다.'

'계획은 언제나 작심삼일로 끝났지만, 이제는 꾸준히 지속할 수 있다.'

그러한 자신감은 업무와 사생활에 커다란 영향을 미친다. 업무든 취미든 뇌의 사고 프로그램은 동일하다. 일을 순조롭게 잘하는 사람의 대부분이 운동에 빠져 있는 이유는 여기에 있다.

술이나 도박이나 게임 같은 불건전한 일은 자신을 좋은 방향으로 변화시키지 못하기 때문에 이성으로써 확실히 브레이크를 걸어야 한다. 어디까지나 **건강하고 건설적인 선택**을 하기 바란다. 청소도 좋고 명상도 좋다. 객관적으로 봤을 때 열렬한 애호가가 많은 취미를 찾아내고 일단 한 번 시도해 보자. 느낌이 나쁘지 않다면 계속해서 여러 번해 보자. 갑자기 빠져드는 취미를 발견한다면 그것이 당신에게 딱 맞는 취미다.

의욕이 없다면 행동의 계기를 이용하자

'자신을 변화시키고 싶어 하는 사람'의 패턴은 크게 두 종류로 나뉜다고 제1장에서 설명했다.

❶ 어떤 목표를 달성하기 위해 자신을 변화시키고 싶다.

❷ 지금의 자신에게 불만이 있어서 자신을 변화시키고 싶다.

❶은 산을 올라가는 유형이고, ❷는 강물을 타고 내려가는 유형이다. 현상 유지를 거부하는 유형이라고도 할 수 있다. **이 둘의 커다란 차이는 동기부여에** 있다. 당연히 명확한 목표를 지닌 사람은 무엇을 해야 할지 확실하기 때문에 의욕이 저절로 넘쳐난다.

3년 후에 독립해서 내 가게를 차리고 싶다는 명확한 목표가 있는 사람은 그 목표를 달성하기 위해 리더십을 익혀야 한다거나, 돈을 모아야 한다는 등의 일에 의욕이 솟아나고, 어떻게 자신을 변화시켜야 하는지를 잘 이해한다.

한편 현 상태에 불만이 있는 사람은 지금의 자신이 아닌 상태를 목표로 삼기 때문에 선택지가 얼마든지 있다. 극단적인 경우에는 아무 것도 하지 않는다는 선택지도 있는 만큼 좀처럼 의욕이 솟아나지 않는다. 이는 자신을 변화시켜나갈 때의 커다란 장애물이며 대책이 필요하다.

의욕이 솟아나지 않는다면 행동의 계기를 마련해 줄 수 있는 환경에 몸을 두는 것이 좋다. 여기에서 행동의 계기라는 것은 여러 사람에게서 영향을 받거나 주변 분위기에 감화되어 어느새 갖춰지는 능동적인 자세를 말한다. 의욕은 솟아나는 순간 알아차릴 수 있지만, 계기는 행동해 보지 않고서는 알아차릴 수 없다. 그러므로 계기 같은 어떤 일이 생기면 일단 다음 행동으로 옮겨 보는 것이 우선이다.

⚡

행동의 계기가 풍부한 환경이란

행동의 계기가 풍부한 환경은 엄연히 존재한다.

❶ 과거의 자신을 모르는 사람이 모여 있는 곳

❷ 어떠한 목표를 향해 적극적으로 노력하는 사람이 모여 있는 곳

지금의 자신을 변화시키고 싶다고 생각하면서도 평소와 똑같은 사람들과 교류하고 평소와 똑같은 공부만 한다면 새로운 무언가와 마주칠 수는 없다. 지금까지의 자신을 모르는 사람만 모여 있는 장소라면 압도적으로 임팩트 강한 자극과 만날 기회가 늘어난다. 또한 어떠한 꿈이나 목표를 향해 건전하게 노력하는 사람들이 모인 환경에 몸을 담그는 것만으로도 뇌는 확실히 긍정적인 영향을 받는다.

구체적으로 말하면, **거울 신경세포**mirror neuron**의 작용으로 우리의 뇌는 가까이에 있는 사람의 언동과 생각까지 무의식중에 따라 하게 된다.** 사회인 운동 팀, 최신 기술을 공부하는 모임, 사회적인 과제에 진지하게 관여하는 사람들의 모임 등 의욕이 넘치는 사람들로 둘러싸인 환경에서는 거울 신경세포가 그 자리의 긍정적인 분위기를 감지하고 서서히 감화

되어 간다.

이렇게 '행동의 계기'가 많은 장소나 모임은 실제적 공간에 한정되지 않는다. 페이스북 같은 SNS 커뮤니티나 유명인이 운영하는 회원제 인터넷 카페 등도 행동의 계기가 많은 환경으로 작용할 수 있다. 반대로 의욕 없는 사람들이 모여 있는 곳에서는 나쁜 방향으로 감화가 일어날 수 있으므로 조심해야 한다.

Chapter 4

/

과거의 굴레에서 벗어나라

"과거에 일어난 사실은 바꿀 수 없다.
하지만 사실에 대한 인식은 바꿀 수 있다."

BE STRONGER

⚡

과거의 부정적인 체험은 족쇄다

'무언가에 도전하려고 해도, 지금은 왠지 자신감이 없다.'

'그 사람에게서 들은 한마디 때문에 깊은 상처를 입어 모든 일에 소극적이 되었다.'

과거의 부정적인 체험이 자신을 변화시켜나가는 데 족쇄로 작용하는 사람이 적지 않다. 이번 장에서는 SOMETHING NEW에 의한 자극만으로는 사고 프로그램이 전혀 달라지지 않는 사람을 위해 **내적 체험을 조작함으로써 강제적으로 과거를 고쳐 적는 훈련**을 몇 가지 소개하겠다. 그중에서도 '하위 양식 변화submodality change'라는 훈련은 결코 간단하지 않지만, 잘 진행하면 매우 임팩트 강한 체험이 될 것이다.

과거 체험의 임팩트×횟수로 이루어진 사고 프로그램은 오랜 시간에 걸쳐 굳어지기 때문에 유연하고 부드럽게 변화시키려면 마찬가지로 오랜 시간이 필요하다. 그러나 사고 프로그램을 만들어 낸 과거 체험 자체에 수정을 가하면 현재의 사고 프로그램을 짧은 시간 내에 소생시킬 수 있다.

사실은 바꿀 수 없다. 인식은 바꿀 수 있다

여기에서 사람의 과거라는 것에 관해 다시금 생각해 보자. 비즈니스 세계에서는 대상을 바라볼 때 사실과 인식을 구별한다. 이 둘을 혼동하면 본질적인 과제를 찾아내기 어려워지고 적절한 가설을 세울 수 없기 때문이다. 경영자나 컨설턴트는 이렇게 냉정한 관점을 갖추는 기술이 필수다.

예를 들어, 어느 기업 경영자는 상품이 팔리지 않는 이유가 경쟁 상품에 비해 비용 대비 성능이 낮기 때문이라는 인식을 갖고 있다. 하지만 고객 1,000명을 상대로 조사해 봤더니 70퍼센트가 그 상품의 장점을 몰랐다는 사실이 드러났고 이것이 매출 부진의 원인임이 판명되었다. 이렇게 사실을 알면 인식을 고칠 수 있다. 지금까지는 상품 자체에 문제가 있다고 받아들였지만, 지금은 상품의 장점이 올바로 인지되어 있지 않다는 것이 사실로 판명되었기 때문에, 장점을 알리기 위한 영업과 프로모션 방법을 바꾸는 방법에 관한 이야기로 회의의 방향을 바꿔 진행해 나갈 수 있게 된다.

나는 일상적으로 **사실과 인식을 구분해서 생각하는 습관**을 가지고 있다. 그리고 클라이언트 기업의 경영자와 관리자를 지도할 때에 "그것은 인식일 뿐 사실이 아닙니다."라는 말을 해야만 하는 경우가 적지 않다.

사람의 과거도 마찬가지다. 과거의 일도 사실과 인식으로 구분할 수 있다. **과거에 일어난 사실은 바꿀 수 없지만 그 사실을 어떻게 인식하고 있는지는 뇌 속의 처리 방법에 따라 얼마든지 바꿀 수 있다.**

예를 들어, 요란한 연애 끝에 어떠한 원인으로 이별하게 되었다고 하자. 지금은 더 이상 사귀지 않기 때문에 이별했다는 사실은 변함이 없다. 하지만 이별로 인해 깊은 상처를 입고 그 사실을 십자가처럼 짊어진 채 살아갈 필요는 없다. 비관은 이별한 사실에 대해 자신의 뇌가 현시점에서 내린 하나의 결론, 즉 인식이자 해석에 불과한 주관적 의견이다. 그 인식을 바꾸면 소위 '십자가'는 사라진다.

다만 이는 이론적인 이야기일 뿐, 과거의 부정적인 사건을 긍정적으로 받아들이기는 결코 쉽지 않다. 현실적으로 과거의 슬픈 사랑이 원인이 되어 "더 이상 남자를 만나지 않겠어요.", "여자가 가까이 다가오면 무서워요."라고 말하는 사람이 많다.

인간관계뿐만이 아니다. 다음과 같은 괴로움을 항상 토로하는 사람도 많다. "교사 임용 시험을 여러 번 치렀지만 한 번도 합격하지 못했어요. 교사는 제 적성에 맞지 않는 걸까요?", "기록이 남는 시합일수록 긴장감이 심해져서 실수가 많아요.", "엘리베이터에 타는 게 무서워요. 좁은 곳에 있으면 가슴이 답답해요."

금세 변화할 수는 없겠지만, **과거의 인식을 바꿈으로써 이러한 패배 의식과 혐오감 등을 서서히 바꿀 수 있다.** 그러기 위해서는 제3장까지와는 차원이 다른, 깊은 지식과 훈련을 요하는 기술이 필요하다.

⚡

과거의 굴레와 트라우마를 벗어던지게 해 주는 훈련이 있다

인식을 변화시켜 과거의 굴레를 벗고자 하는 이 작업의 최종적인 목표는 모래주머니를 제거한 열기구가 되는 것이다. 지금까지 공중으로 떠오르는 것을 방해한 무거운 모래주머니가 더 이상은 모래주머니가 아니라고 인식을 고치거나, 이를 장기 기억 깊숙한 곳에 집어넣어 추체험하기 어렵게 만든다. 그러면 사람은 과거의 굴레나 트라우마에서 벗어나 가벼워진다.

DO SOMETHING NEW로 새로운 자극을 끊임없이 주는 것이 열기구에 바람을 열심히 일으키는 행위라면 과거의 인식을 바꾸는 것은 모래주머니를 제거하는 행위다. 모래주머니가 가벼운 사람은 바람을 일으키는 것만으로 높이 떠오를 수 있다. 하지만 모래주머니가 엄청 무거운 사람이 변화를 원한다면, 바람을 일으키는 동시에 모래주머니도 가볍게 만들어야 한다. 모래주머니를 제거하면 어디로든지 마음대로 날아갈 수 있다. 자신을 옭아매는 모래주머니를 하루빨리 버려야 한다. 그러지 않으면 영원히 BE SOMETHING NEW(무언가 새로운 사람이 되는 것)에 성공할 수 없다.

⚡

과거의 괴로운 체험의 기억을 고쳐 적는 것은 난이도가 높을 뿐 아니라 매우 마음이 무거워지는 일이다. 그러므로 그 단계에 들어가기 전에 자신의 기억을 인식하는 간단한 방법부터 설명하겠다. 먼저 **감각의 수치화**를 해 보겠다.

| 행복 체험을 수치화하는 방법 |

일단 어렵게 생각하지 말고 직감적으로 점수를 매겨 보도록 하자. **자신의 감각에 의식을 집중하고** 어떤 체험이 어느 정도 행복했는지, 기분이 좋았는지, 즐거웠는지, 성취감을 느꼈는지 등을 **10점 만점의 점수로 매겨 보자.** 이는 마이너스가 아닌, 플러스 점수로 표시한다.

예를 들어 '이번 사분기의 목표를 달성했다.'는 체험에 8점, '스마트폰을 새로운 기종으로 변경했다.'는 체험에 2점, '새로운 가족이 늘었다.'는 사건에 10점, '입원했던 할머니가 건강하게 퇴원했다.'면 6점.

단, 상식적으로 이 정도의 점수면 적당할 것이라고 **머리로 생각해서는 안 된다.** 특히 A유형의 사람은 논리적이므로 감각에 의식을 집중하기가 서툴다. **자신의 감각이 어떻게 변화했는지에 초점을 맞춰야 한다.**

5년 동안 돈을 모아 500만 엔의 자동차를 구입했다. 자동차를 사기 전까지는 매우 들떴지만, 막상 사고 나니 의외로 마음이 차분해졌다.

이내 자동차에 대한 관심이 식어 버려서 줄곧 주차장에 세워둔 채 방치했다. 아마도 감각의 수치는 그다지 높지 않을 것이다. 새 차를 사서 행복감은 있을지 모르지만, 2점 정도의 감각으로밖에 보이지 않았다.

그런데 '그토록 고생해서 자동차를 손에 넣었으니까 상식적으로 생각하면 그렇게 낮은 수치가 나올 리 없어. 나는 만족한다고. 그러니까 조금 더 높은 수치를 매기자.'라는 이유를 굳이 찾아내며 7점이나 8점 정도의 높은 수치로 위장하는 것은 금물이다.

남의 감각이나 상식은 아무래도 상관없다. 자기 자신을 올바로 알기 위해 언제나 자신의 몸에 질문을 던지는 것이 중요하다. 머리는 거짓말을 하지만, 몸은 거짓말을 하지 않는다. 감각의 정도를 조사할 때는 반드시 몸에 질문을 던진다. 처음에는 익숙하지 않겠지만 반복하다 보면 익숙해질 것이다.

┃ 불행 체험을 수치화하는 방법 ┃

마찬가지로 좌절했던 사건, 충격받았던 체험, 매우 화났던 일 등의 감각도 수치화하는 연습을 한다. 이 경우에는 마이너스를 붙인다.

'고속도로에서 교통 체증을 겪었다.'면 -4점, '기르던 개가 다쳤다.'면 -9점, '손님으로부터 악성 클레임이 들어왔다.'면 -3점, '전철에서 발을 밟혔다.'면 -1점.

이 경우에도 머릿속에서 생각하는 점수가 아니라, 몸에서 느끼는 점수를 적어야 한다. 생전에 자신을 아껴 주신 분이 돌아가셔서 장례

식에 참석했을 때, '오늘은 슬프지 않으면 이상한 날이야.'라고는 생각하지만 감각적으로는 그다지 슬프지 않다면 섣불리 −10점을 매겨서는 안 된다.

아이가 우유를 쏟았을 때 '이런 별것 아닌 일로 화를 낼 필요는 없어.'라고 생각해도 몸이 부들부들 떨린다면 화가 치밀어 올랐다는 것은 감각적으로 사실이다. 그러므로 그에 알맞은 점수를 매겨야 한다.

특히 '요즘에 좋은 일이 없어.'라는 말버릇이 있는 사람에게 이러한 훈련은 매우 효과적이다. 요즘에 정말 좋은 일이 일어나지 않을까? 정말로 나쁜 일만이 자신을 괴롭히고 있을까? 감각을 수치로 표현하는 버릇이 몸에 배면 기억을 끄집어내는 방식에도 변화가 일어나고 리프레이밍도 쉽게 할 수 있게 된다.

| 훈련의 실제 |

그러면 실제로 한번 시도해 보자. 일단 **최근 한 달 동안 일어난 긍정적인 사건을 열 가지 적어 본다.** 자신에게 긍정적인 느낌을 준 일은 다양할 것이다.

'상사에게 칭찬받은 일', '손님이 만족한 표정을 지은 일' 등은 확실히 긍정적인 사건이다. 자신이 조금이라도 좋은 일이라고 생각한다면 무엇이든 상관없다. '카페에서 커피를 맛있게 마셨다.', '아이의 옷을 지인에게 주었더니 기뻐했다.' 같은 사소한 일도 괜찮다.

'날씨 예보에서 비가 온다고 해서 우산을 챙기려고 했는데 깜빡 잊고 집에 놔두고 외출했다. 그런데 다행히도 비가 오지 않았다.' 이런 일도 긍정적인 사건으로 훌륭하다. 이런 사소한 일까지 긁어모으면 한 달에 열 가지의 긍정적인 사건은 충분히 적을 수 있다.

이어서 부정적인 사건도 적어 보자. 부정적인 사건으로는 '상사에게 야단맞았다.', '전철을 탔는데 자리가 없어 앉을 수 없었다.', '잔업을 하는 바람에 회식에 늦게 합류했다.', '방문한 회사가 역에서 멀어 힘들었다.' 같은 것을 들 수 있다. 자신이 조금이라도 불쾌하다고 생각한 사건이라면 무엇이든지 적을 수 있다.

만약 **부정적인 사건이 열 가지나 생각나지 않는다면 굳이 열 가지를 채울 필요는 없다.** 하지만 긍정적인 사건은 반드시 열 가지를 채우기 바란다.

그러면 이제부터 중요한 작업을 시작하겠다. 앞에서 말한 대로 **각 사건의 감각에 점수를 매겨 보자.**

예를 들어 '달걀밥에 참깨 기름을 약간 첨가하면 맛있다는 글을 읽고 그대로 시도해 봤더니 놀라울 만큼 맛있어졌다.'라고 적었다고 하자. 그러면 그 감각의 정도는 1점에서 10점까지 중에서 어디에 해당할까? 아직 익숙하지 않으면 다른 사항과 상대적으로 평가하기 힘들다. 그래서 주관적으로 '1점 정도'라고 기입한다. '지난주에 소설을 읽고 감동했다.'면 2점, '중요한 프로젝트를 다 끝냈다.'면 6점, '한 번도 칭찬해 주지 않은 사장님에게서 드디어 칭찬받았다.'면 8점 정도를 줄 것이다.

부정적인 사항도 마찬가지로 감각에 점수를 매긴다. 여기에서 주의해야

'행복 체험과 불행 체험 수치화'의 절차

❶ 행복 체험을 수치화하는 연습을 한다.

기뻤거나 행복했던 체험을 떠올린 후, 자신의 감각에 의식을 집중하고 그 체험이 어느 정도 행복했는지, 기분이 좋았는지, 즐거웠는지 등을 10점 만점의 점수로 매긴다.

핵심 • 플러스를 붙인다.
   • 머리로 생각하지 말고, 자신의 감각이 어떻게 변화했는지에 관심을 집중한다.
   • 남의 감각이나 상식에 구애받지 말고 자신의 몸에 질문을 던진다.

❷ 불행 체험을 수치화하는 연습을 한다.

좌절했던 사건, 충격받았던 체험, 매우 화났던 일 등을 떠올린 후, 그 체험 감각의 정도를 10점 만점의 점수로 매긴다.

핵심 • 마이너스를 붙인다.
   • 머리로 생각하지 말고, 자신의 감각이 어떻게 변화했는지에 관심을 집중한다.

❸ 최근 한 달 동안 일어난 긍정적인 사건을 열 가지 적는다.

❹ 최근 한 달 동안 일어난 부정적인 사건을 열 가지 적는다.

❺ 각 사건의 감각에 점수를 매긴다.

핵심 • 부정적인 사건은 열 가지를 채우지 않아도 괜찮다.
   • 섣불리 −8∼−10점을 매겨서는 안 된다. 이는 상대평가이기 때문이다.

할 점은 '−8점 이하'의 낮은 점수를 섣불리 주어서는 안 된다는 것이다. 왜 냐하면 이렇게 점수를 매기는 것은 상대평가이기 때문에 '자신에게 가장 불행한 것'에만 −10점을 주어야 한다.

'사랑하는 배우자가 세상을 떠났다.'는 정도의 매우 슬프고, 회복하는 데 상당한 세월이 필요한 극단적인 불행에만 −10점을 줄 수 있다. 그렇다면 '교통사고에 휘말려 1주일 동안 입원했다.'는 사건은 의외로 −8점 정도에 그칠 수 있다. 교통사고에 비하면 '상사에게 한 시간 동안이나 야단맞았다.'는 사건은 겨우 −3점이나 −4점 정도일 것이다.

그러면 그보다 더 사소한 일, 예를 들어 '방금 어렵게 구입한 가죽 구두가 보도블록에 쓸려 흠집이 났다.'거나 '3일 연속으로 잔업을 했다.'는 정도의 사건은 겨우 −1점이나 −2점밖에 되지 않을 것이다. 그 순간만큼은 화가 치밀었겠지만, 상사에게 한 시간 동안이나 야단맞거나 교통사고를 당하는 것보다야 훨씬 나은 일이므로 여러 번 부정적인 추체험을 하지 않는 이상, 이 정도 사건은 −5점이나 −6점을 매길 수 없다.

⚡ 훈련을 정기적 월말 행사로 만든다

이렇게 점수를 매기는 작업을 꾸준히 하면 기억의 수정이 되풀이된다. 이런 수정 작업이 바로 **기억을 덮어쓰는 작업**이라고 할 수 있다. 그러므로 성에 찰 때까지 마음껏 수차례 수정하기 바란다. 이 수정 작업을 통해 '생각의 유지ㆍ관리'가 가능해진다.

이제 점수를 매긴 결과를 살펴보면 긍정적인 사건이든 부정적인 사건이든 의외로 1점이나 2점이 많다는 사실을 알 수 있다. 부정적인 사건도 −1점이나 −2점이 많을 것이다. 그다지 대단한 사건이 있지 않는 한, 3~−3점 수준에 모두 몰려 있다는 것을 깨달을 것이다.

만약 긍정적인 사건이 1~3점 수준인데 부정적인 사건이 −8~−10점 수준이라면 생각이 부정적으로 편향되어 있다는 뜻이다. 논리적으로 생각하면 아마도 그렇게까지 편향된 결과는 나오지 않을 것이다.

이 훈련은 월말 행사로 꾸준히 지속하는 것이 좋다. 첫 달에는 −8점이나 −9점으로 점수를 매긴 사건도, 몇 달 뒤에 그보다 훨씬 충격적인 사건이나 잠을 이룰 수 없을 만큼 괴로운 체험을 하면, 첫 달의 −8점이나 −9점이 너무 과도하게 매긴 점수라는 사실을 깨달을 것이다. 따라서 첫 달의 −8점이나 −9점을 상대평가 하면 −4점이나 −5점으로 수정할 것이다.

이 훈련을 1년 동안 지속하면 어떤 감각을 느꼈을 때 3점이고, 어떤 감각을 느꼈을 때 −5점쯤인지에 대해 일관된 기준을 가지게 될 것이다. 그러면 일상적인 사소한 사건으로 '최악이다.', '이제 앞날이 깜깜하다.'라는 식으로 무턱대고 좌절하는 일이 사라진다. '화가 치밀었지만, 감각의 정도는 −1점이다.', '낙담했지만 감각의 정도는 −2점이다. 너무 마음 쓰지 말자.'라고 객관적으로 현 상황을 인식할 수 있게 된다.

⚡

SOMETHING GOOD을 생각하는 습관

'무언가 새로운 일'은 SOMETHING NEW이고, '무언가 좋은 일'은 SOMETHING GOOD이다. 그리고 '무언가 나쁜 일'은 SOMETHING BAD이다.

나는 이 훈련을 매일 실시하던 시기가 있었다. 부정적인 생각에 꽉 찼던 나는 하루에 한 번, **무언가 좋은 일(SOMETHING GOOD)과 무언가 나쁜 일(SOMETHING BAD)**을 떠올리고 수치화해서 기록했다. 특히 이 방법은 VAK 유형 중 K유형인 사람에게 추천한다. 왠지 오늘 온종일 좋은 일이 없었다고 막연한 불안을 느끼는 하루를 보낸 사람에게도 이 방법은 효과 만점이다.

어떤 사소한 일이라도 좋으니 SOMETHING GOOD을 공책이나 메모장에 적고, 그 감각의 정도를 수치로 기록한다. SOMETHING BAD도 마찬가지로 실시한다. 자연스럽게 나오는 사건도 있고, 꽤 고민하지 않으면 뇌 속에서 끄집어낼 수 없는 사건도 있다.

'오늘 휴게실에서 커피를 타고 있었는데, 다른 부서의 직원이 처음으로 말을 걸어주었다. 이것도 SOMETHING GOOD이라고 할 수 있으려나?'

'SOMETHING BAD라면 얼마든지 떠올릴 수 있어. 오늘도 힘든 하루었거든. 늦잠을 자서 평소보다 늦은 시간에 집을 나섰고, 출근하는 전철도 엄청 붐볐어. 게다가 어제까지 해 놓아야 할 일을 끝내지 못했다고 아침부터 상사에게 잔소리를 들었어……. 어라, 잘 생각해 보니 전부 내 탓이로군. 이거야말로 진정한 SOMETHING BAD네.'

이렇게 글과 수치로 적으면 머릿속을 정리할 수 있다. 무엇이 올바른지는 중요하지 않다. 논리적인 사람(A유형인 사람)은 무엇이 SOMETHING GOOD이고, 무엇이 SOMETHING BAD인지 분명 고민할 것이다. 나도 그럴 때가 있다. 하지만 중요한 것은 자신의 사고 프로그램을 변화시키는 일이다.

평소에 '논리 9, 감각 1'로 생각하는 A유형이 '논리 7, 감각 3'으로 생각하게 되는 것만으로도 커다란 변화다. 반대로 '논리 1, 감각 9'로 생각하는 K유형이 '논리 3, 감각 7'로 변화하는 것만으로도 사물을 파악하는 방법이 크게 달라진다.

⚡

자신의 감각에 집중하고 감각의 정도를 정직하게 수치화한다

나는 프랑스제 '로디아'라는 메모지를 애용한다. 나는 날마다 SOMETHING GOOD과 SOMETHING BAD를 이 메모지 한 장마다 하나씩 적는다. 처음에는 전혀 요령이 없어서 적당히 '전철에서 발을 밟혔다.', '점심 때 먹은 빵이 의외로 맛있었다.', '이번에 산 캔맥주 맛이 별로였다.', '어떤 나라의 정책 금리에 대해 어느 정도 이해했다.', '아내와 20분 정도 차분히 이야기했다.', '잠든 아이의 얼굴이 귀여웠다.', '클라이언트 기업에서 제출한 실적 자료에 미진한 부분이 있었다.'라는 식으로 적었다. 그런데 **감각의 내용을 메모하는 것만으로는 뇌에 임팩트가 없었다.**

'이 감각은 −4점 정도 될까?', '이건 플러스라고 할 수 있는데, 한 2점 정도?'라는 식으로 그 **감각을 수치화하는 작업을 동시에 진행하자 경직화된 사고 프로그램이 비로소 자극을 받아 부드러워지기 시작했다.** 하루 평균 열 장 정도 메모를 남기게 되자 점점 머릿속이 정리되어 갔다.

만원 전철에서 사람들 틈에 끼어 짜증이 솟구쳤을 때의 감각은 −7점이었다. 그러나 클라이언트 기업의 실적이 악화되었을 때 받은 커다란 실망감도 −7점이었다. 이래서는 약간 아귀가 맞지 않았다. 그래서 전철에서 사람들 틈에 낀 것 정도는 그다지 대단한 일이 아니라는 느낌이 들었고, 그 감각의 수준을 −2점으로 고쳤다. **늘 자신의 감각에 눈을 돌리고 거짓 없이 감각의 정도를 수치화해서 기록**하는 것이 핵심이다.

이전에 가족끼리 오키나와의 외딴섬에 3박 4일로 여행을 간 적이 있다. 3년 전부터 계획해서 겨우 떠난 오키나와 여행이었다. 가족 여행을 떠나본 적이 거의 없는 우리에게는 매우 커다란 사건이었다. 많은 사람들이 "가족끼리 오붓하게 오키나와에서 푹 쉴 수 있다니, 부럽습니다."라고 말했기 때문에 나는 약간 우쭐해질 뻔했지만, 감각의 정도를 냉정하게 5점으로 매겼다. 10점 만점에 5점이었으니까 그다지 높은 점수는 아니었다.

여행 전에 내 예상으로는 오키나와 가족 여행에서 8점 정도의 행복을 충분히 얻을 수 있을 줄 알았다. 하지만 실제로는 그러지 못했다. 이처럼 감각의 정도에 점수를 매길 때는 **자신만의 착각에 빠지기 십상이다.**

오키나와의 아름다운 바다(특히 외딴섬의 바다는 더욱 멋지다), 아내와 아이들의 만족스러운 표정은 지금도 눈에 선하다. 나도 행복감을 느꼈지만, 상상했던 만큼은 아니었다. 그 후 집으로 돌아와서 얼마 뒤, 이웃에 사는 친한 아이들과 함께 공원으로 놀러 갔다. 걸어서 10분 거리에 있고, 미끄럼틀과 시소와 모래밭밖에 없는 작은 공원이었다. 하늘이 어둑어둑해져서 아이들에게 집에 돌아가자고 말했지만 아이들은 내 말을 전혀 들으려고 하지 않았다.

그때 나는 문득 메모장을 꺼내 내가 느낀 감각의 정도를 수치로 기록했다. 내 감각을 솔직히 파악해 본 것이다. 그때 적은 수치는 무려 6점이었다.

3년 전부터 여행 경비를 저축하고 아내와 반년 전부터 일정을 계획한 오키나와 여행보다, 걸어서 1분 거리의 공원에서 아이들과 노는 것에서 더 큰 행복감을 느끼다니! "얼른 집에 가자."라고 여러 번 말했지만 전혀 귀담아듣지 않고 어두워질 때까지 크게 웃으며 놀기에 바쁜 아이들의 모습을 보고 있자니 '행복이란 멀리 있지 않구나.' 하는 생각이 들었다.

⚡

감각을 수치화하면 현재를 확인할 수 있다

텔레비전을 보고 웃음을 터뜨리거나, 소설을 읽고 감탄하거나, 혼잡한 놀이공원에 가거나, 부하 직원들과 숨겨진 맛집을 찾아다니거나, 동료 경영자들과 이세반도로 여행을 가거나, 높은 목표를 설정하고 멋지게 달성해낸 직장인의 연설을 듣거나, 직접 만든 도시락을 회사에 가져가거나, 퇴근하는 전철에서 일부러 목적지를 지나쳐서 낯선 역에서 내려 보거나 하는 **갖가지 경험을 한 뒤에는 그때마다 자신의 감각을 수치로 표현한다.** 그렇게 함으로써 자기 자신을 더욱 잘 알 수 있다.

남들이 어떻게 느끼는지는 전혀 신경 쓸 필요 없다. 어떤 자극을 받으면 자신이 어떻게 반응하고 어떤 '감각'을 느끼는지가 중요할 뿐이다. 술 냄새가 밴 좁은 집에서 주정뱅이 아버지와 어린 시절을 보낸 나는 스물한 살쯤부터 지적장애인을 위한 자원봉사 활동을 시작했고 스물네 살 때는 청년해외협력대에 참가했다. 그런 나의 사고 프로그램은 유일무이한 것이고 남들과는 다른 게 당연하다.

날마다 자기 주변에서 일어나는 수많은 사건과 감각을 수치화해서 그것들을 상대평가하면 자기 자신을 이해할 수 있게 된다. '나는 무엇을 위해 태어났는가?', '나는 무엇을 하고 싶은가?', '무엇으로 행복을 느끼는가?'와 같은 물음에 대한 답도 어렴풋이 찾을 수 있을 것이다.

현상 인식은 대상에 대한 사고의 전제이다. 과제 해결을 전문으로 하는 컨설턴트에게는 해결책의 노하우를 갖추는 것이 물론 중요하지만 그 이상으로 중요한 것은 **올바른 현상 인식 능력**이다. 이 부분이 잘못되면 아무리 대처법을 제시해도 과제를 해결하기 힘들고 경우에 따라서는 고민할 필요가 없는 일을 고민하느라 아까운 시간과 노력을 낭비하고 만다. 감각을 수치화할 때 남겨 놓은 대량의 메모는 나의 현상 인식 능력을 보정해 주었다. 그리고 어떻게 하면 SOMETHING BAD를 줄이고 SOMETHING GOOD을 늘릴 수 있을지, 그리고 그 비결이 무엇인지 파악할 수 있었다. 당연하게도, 일상생활에서 무언가 좋은 일(SOMETHING GOOD)이 늘어나면 생각의 습관이 저절로 수정된다. 부정적인 기억보다 긍정적인 기억을 더 많이 뇌에서 끄집어낼 수 있게 된다.

⚡

내적 체험을 활용하라
: 비약적 변화의 키포인트

현재 일어나는 일, 앞으로 겪게 될 체험(외적 체험)에 의식을 집중하고, 그 자극에서 느껴지는 감각을 수치화하는 일은 **자기 인식 능력을 높**

임으로써 사고 프로그램을 변화시킨다. 다만 나의 경우에는 이러한 훈련을 되풀이하는 것만으로 변화할 수 없었다. 오랜 시간에 걸쳐 굳어진 사고 프로그램은 역시 오랜 시간에 걸쳐 부드럽게 만들어서 형태를 변화시키기 쉽도록 해 두어야만 원래 상태로 돌아가지 않는다. 그런데 나는 놀라울 만큼 단기간에 자신을 변화시킬 수 있었다.

나는 서른일곱 살 전까지 업무에서나 조직에서나 책임을 지려 하지 않았고, 가장으로서도 부담을 느끼고 있었다. 자신감이 조금도 없었기 때문에 편한 일만 찾아다녔고, 조금이라도 힘들어 보이는 일은 피하고 보는 성격이었다. 그러나 2년 후인 서른아홉 살이 되자 약 50명 앞에서 '목표를 반드시 달성하기 위해서는 어떻게 해야 하는가?'에 관해 자신감 있게 강연할 수 있게 되었고, 마흔 살 때는 닛케이BP 사에서 경영자들을 위해 주최하는, 두 시간에 2만 엔이나 하는 고가의 세미나를 접수 개시 후 단 한 시간 만에 정원 230명 자리를 매진시킬 만큼 높은 인지도를 손에 넣었다. 추가로 기획한 세미나도 정원이 200명이었지만 금세 만원이 되었고, 나의 사고 프로그램은 강연이 매진되는 게 당연하다고 생각할 정도로 변화되어 있었다.

나약하던 스무 살 청년이 스물두세 살쯤에 극적으로 변화한 것이라면 쉽게 이해할 수 있겠지만, 30대 후반이 되어 급격히 변화한 나에 관해서는 아내를 비롯한 주변의 많은 지인들이 믿을 수 없다는 표정을 지었다.

이처럼 **단기간에 비약적인 변화를 체현할 수 있었던 것은 내가 외적 체험**

뿐 아니라 내적 체험까지 활용해 변화했기 때문이다. 머릿속에서 체험하는 내적 체험을 자유자재로 혁신함으로써 나는 모래주머니를 버리고 훨훨 날아오를 수 있었다.

⚡

훈련 ❷ | 성공 체험을 확장하는 이미지 트레이닝을 하라

내적 체험과 외적 체험의 비율은 대체로 9:1이다. 그러므로 **사고 프로그램을 고치려면 내적 체험의 내용을 바꾸는 편이 압도적으로 효과적이다.** 여기에서는 실제로 내적 체험의 내용을 바꿔가는 방법에 관해 설명하겠다. 그 방법은 한마디로 말해 이미지 트레이닝이다.

과거의 기억에서 쾌락, 멋진 행복감, 고양감 등의 감정을 느낀 사건을 하나 선택한다. 그리고 오감을 완전히 활용해 그 정경을 뇌 속에서 재현하고 그것에 몰입해 본다.

몰입associate과 관조dissociate라는 개념을 다시 한번 확인해 보자. 내적 체험을 고치기 위해서는 무엇에 대해 몰입 상태에 있는지, 관조 상태에 있는지 확실히 의식해야 한다. 그러지 않으면 기대한 효과를 얻을 수 없다.

앞서 설명한 훈련 ❶에서는 평소의 우발적인 외적 체험에 관한 감각의 정도를 수치화함으로써 기억을 끄집어내는 방법을 새롭게 설정하는 것이 목적이었다. 이번 훈련 ❷는 **과거의 멋진 체험을 의도적으로**

끄집어내서 온몸으로 맛보는 것이다. 정기적으로 실천하면 부정적인 내적 체험이 얼굴을 내미는 빈도가 조금씩 낮아지는 효과를 기대할 수 있다. 가능하면 감각의 정도가 7점 이상인 체험을 선택하는 것이 좋다.

| 의식적으로 집중 상태를 만든다 |

그러면 일단 주변 환경을 올바로 정비해 보자. 훈련 ❶은 만원 전철 안에서나 화장실에서나 할 수 있는 훈련이지만, 훈련 ❷는 과거 체험을 끄집어내서 충분히 음미해야 하기 때문에 의식적으로 집중 상태를 만들어야 한다.

나는 가족이 아직 깨어나지 않은 이른 아침, 가족이 모두 잠들어 고요한 밤, 출장 갔을 때의 호텔 등 **오로지 혼자 있을 수 있는 기회**에 실천했다. 혼자 있을 수 있는 기회가 도저히 찾아오지 않으면 밤에 잠자리에 든 후에 실천해도 좋을 것이다.

그러면 실제로 어떻게 해서 집중 상태를 만들까? 우선 **눈을 감고 심호흡을 세 번** 정도 한다. 그리고 '지금 여기에 있는 나'에게 집중해 간다. 내일의 업무를 생각하거나, 귓가에 들리는 소방차의 사이렌 소리에 의식을 빼앗겨서는 안 된다. 무無의 경지에 이르면 좋겠지만 그것은 거의 불가능에 가깝다. 따라서 모든 생각을 버리겠다고 고집할 필요는 없다. 그저 **자신의 몸에 의식을 집중하는 것**이 핵심이다.

예를 들어, 정좌하고 있을 때는 '지금 나는 정좌하고 있다. 무릎을

굽히고 있다. 무릎 바깥쪽 부분이 바닥에 닿아 있다. 약간 저려온다.' 혹은 '내 손바닥을 위로 향했더니 손바닥이 조금씩 따뜻해진다.' 하는 식으로 **몸의 특정 부분에 의식을 집중한다.**

물론 직접적인 자극에 의식을 둘 필요는 없고, '머릿속이 싹 씻기는 느낌이로군.', '내 의식이 아래로 침전되어가는군.' 등의 감각이어도 상관없다. 호흡에 초점을 맞추고, 들이마신 공기가 콧구멍을 통해 어떻게 몸 안으로 퍼지는지 추적해 보는 것도 좋을 것이다. 그런 식으로 **자신의 몸에 의식을 집중하면 자기 자신에게 몰입할 수 있다.**

| 과거의 감동 체험을 떠올린다 |

잡념이 사라졌다고 느끼면 과거에 겪은 감동 체험이나 마음을 설레게 한 멋진 사건을 떠올린다. 예를 들면, 고등학생 시절 여름방학 때 야구부에서 경험한 한 조각 추억을 떠올려 본다. 나는 감독님에게 늘 혼나고 날마다 힘겨운 훈련을 소화했는데도 주전이 될 수 없었다. 그런데 3학년 마지막 훈련 날에 감독님의 호출을 받았다. 감독님은 "마지막으로 한마디 할게. 잘했어. 나는 너를 인정한다. 한 번도 주전이 되지 못했지만, 네가 누구보다 노력했다는 사실을 나는 잘 알고 있어. 대학교에 가더라도, 사회인이 되더라도 항상 지금처럼 노력하도록."이라고 말해 주었다. 한 번도 친절한 말을 건네 주지 않았던 감독님이 마지막 날에 특별히 해 준 말이었다.

이처럼 현재가 힘겨울 때 저절로 떠오르는 행복했던 과거의 기억은 누구에게나 있을 것이다. 각자 나름대로의 멋진 추억에 몰입하며 머릿속에서 선명하게 재현해 보자.

| 오감을 완전히 활용해서 가능한 한 구체적으로 떠올린다 |

추억을 무작정 떠올리려 하지 말고, 오감을 완전히 활용해서 떠올려야 한다. V유형의 사람이라면 당시의 영상을 선명하게 재현할 수 있다. A유형의 사람이라면 금속 배트가 야구공을 튕겨내는 소리, 주자가 힘껏 달려 나가는 소리를 귀로 들을 수 있을 것이다. K유형의 사람이라면 흙과 글러브의 냄새, 땀에 젖은 유니폼의 촉감 등이 떠오를 것이다.

호흡을 고르게 하고 의식을 집중하면서 자문자답해 본다. 그러면 무엇이 보이는가? 감독님의 얼굴이 보이는가? 감독님의 표정은 부드러운가? 감독님의 머리카락은 무슨 색인가? 모자는 썼는가? 서 있는가, 앉아 있는가? 어떤 말을 하고 있는가? 억양과 말투는 어떤 느낌인가? 장소는 어디인가? 시간대는 언제인가? 매미는 울고 있는가? 유니폼은 지저분해졌는가? 손에 무엇을 들고 있는가?

모든 감각을 예민하게 만들어 그 장면을 연상한다. 완벽히 떠올릴 필요는 없다. 실제로 모자를 썼는지, 실제로 운동장에 있었는지, 실제로 표정이 굳어 있었는지, 실제로 바람이 불었는지, 실제로 흙냄새가 났는지 지금으로서는 확인할 도리가 없다. 당시의 체험을 정확히 재현할 수는 없는 노릇이다. 완벽히 재현할 수는 없더라도 당시의 체험이 '이런 느낌이었다' 정도면 충분하다. 절반 정도만 맞으면 그만이다.

그런 **정경 속에 자신을 다시 두고 몰입하여 자신의 감정을 추체험해 본다.**
처음에는 '야구부실에 이런 도구가 있었지. 잠기지 않는 문이 있고,
선반에는 지저분한 유니폼이랑 누군 건지 알 수 없는 수건과 장갑이
잔뜩 쌓여 있어. 감독님의 얼굴은 분명히 이런 느낌이었지. 늘 앉던
자리에 함께.'라는 식으로 일단 **스스로 말을 고르고 그 말을 쫓아가면 당
시의 정경이 더욱 또렷해질 것이다.** 그러나 자신의 말로 추억을 유도하는
도중에는 올바로 몰입하고 있다고 하기 어렵다. 이어서 **머릿속에 떠오
른 풍경이나 인물이 저절로 움직이기 시작한다면 꽤 깊은 몰입 상태가 되었다
고 할 수 있다.** 관련 없는 잡념이 떠오르거나 주변의 잡음에 정신을 빼
앗기지 않도록 신경을 집중한다. 이는 실로 몰아沒我의 영역이라고 할
수 있다. 시간을 잊을 만큼 이 체험에 푹 잠긴다. **적어도 5분 동안은** 이
상태를 유지해야 한다. 그리고 자신의 감각을 향해 의식을 돌린다.

| 내적 체험을 음미한 직후의 감각을 돌이켜 본다 |

이러한 **내적 체험을 어느 정도 음미한 직후에 어떤 감각을 느꼈는지 돌이
켜 본다.** '그리워진다', '반갑다', '괴롭다', '애잔하다' 같은 표현은 감정
이다. **감정이 아니라 감각에 의식을 집중하자.** 감각에 민감해져야 한다.
'가슴 한구석이 찡하다.', '눈시울이 뜨거워졌다.' 같은 감각으로 느껴
야 한다. 일부러 언어화할 필요는 없다.

훈련을 마친 후 **감각에 변화가 있는지,** 아니면 거의 변화가 없는지, 가슴
의 통증이 얼마나 지속되는지 등을 체크한다. 만약 아무것도 느끼지 못하

고 남는 게 없다면, 내적 체험에 제대로 몰입하지 못했다는 뜻이다.

반복해서 도전해 보자. 이것도 SOMETHING NEW다. 익숙해지면 누구든지 할 수 있다. 서툴다고 생각하지 말고 도전해 보자. 비결을 파악하면 자신이 의도한 대로 몰입associate하거나 관조dissociate할 수 있다. 과거에 몰입하는 데 익숙해지면 미래의 사건을 공상해서 몰입할 수도 있게 된다. 이상적인 상사, 동경하는 유명인 등 남들에게 몰입할 수도 있게 된다. 싫어하는 동료를 관조하거나, 반대로 그 동료에게 몰입해서 자기 자신을 객관적으로 바라볼 수도 있을 것이다.

나는 이런 훈련을 수없이 반복해 왔다. 그러자 과거의 성공 체험에 의외로 순순히 몰입할 수 있었고, 추체험도 할 수 있게 되었다.

⚡

성공을 끊임없이 반복 체험한다

성공 체험을 쌓으면 사람은 자신감을 얻을 수 있다. 위와 같은 훈련 방법을 습득하면, 열 번 중 아홉 번을 실패하고 한 번만 성공하더라도 그 단 한 번의 성공 체험을 스무 번이든 서른 번이든 추체험함으로써 성공을 끊임없이 맛볼 수 있다. 그리고 떠올려 봤자 소용없는 실패 체험을 기억에 끄집어내는 나쁜 습관도 치료할 수 있다. 자신감이 붙으면 실제로 잘 풀리는 일들이 늘어난다. **과거의 성공 체험에 확실히 몰입하고, 그때의 감각을 깊이 맛봄으로써 사고 프로그램을 고쳐나갈 수 있다.** '뭘 해도

성공 체험을 늘리는 이미지 트레이닝의 절차

❶ 되도록이면 오로지 혼자 있을 수 있는 상황을 만든다.

밤에 잠자리에 든 후에 실천해도 좋다.

❷ 눈을 감고 심호흡을 세 번 하고 자기 자신에게 몰입한다.

'지금 여기에 있는 나'에게 집중한다.

> **핵심**　• 자신의 몸에 의식을 돌린다.
>
> • 특정 신체 부분의 상태나 감각에 의식을 집중한다.

❸ 잡념이 사라졌다고 느끼면 과거에 겪은 감동 체험을 떠올린다.

나름대로의 멋진 추억에 몰입하며 머릿속에서 선명하게 재현한다.

❹ 오감을 완전히 활용해서 가능한 한 구체적으로 떠올린다.

추억을 무작정 떠올리려 하지 말고, 오감(시각, 청각, 촉각, 후각, 미각)을 완전히 활용해서 떠올려야 한다. 그 당시의 풍경, 소리, 피부 감각, 냄새 등이 어땠는지, 호흡을 고르게 하고 의식을 집중하면서 자문자답해 본다.

> **핵심**　• 완벽히 떠올릴 필요는 없다. 절반 정도만 떠올려도 괜찮다.

❺ 그 정경 속에 자신을 다시 두고 자신의 감정을 추체험한다.

스스로 말을 고르고 그 말을 쫓아가면 당시의 정경이 더욱 또렷해진다.

> **핵심**　• 자신의 말로 추억을 유도하는 도중에는 올바로 몰입하고 있다고 하기 어렵다.
>
> • 머릿속에 떠오른 풍경이나 인물이 저절로 움직이기 시작한다면 꽤 깊은 몰입 상태가 되었다고 할 수 있다.
>
> • 적어도 5분 동안은 이 상태를 유지한다.

❻ 내적 체험을 어느 정도 음미한 직후에 어떤 감각을 느꼈는지 돌이켜 본다.

'그리워진다', '반갑다'와 같은 감정이 아니라, '눈시울이 뜨거워졌다.' 같은 감각에 의식을 집중한다. 훈련을 마친 후 감각에 변화가 있는지, 아니면 거의 변화가 없는지 등을 체크한다.

잘 되지 않는다.'라는 믿음이 '요즘 왠지 희망을 가질 수 있게 되었어.'
라는 생각으로 탈바꿈한다.

　이런 이미지 트레이닝을 반복하면 어느새 사고방식과 가치관이 변
화해 갈 것이다. 어느 순간 정신을 차려보면 부정적인 사고가 어디론
가 사라지고 없을 것이다.

⚡

20년 이상의 악몽에서 벗어난 방법

　아버지와의 갈등에 관해서는 앞에서 이미 이야기한 바 있다. 사람
의 사고 프로그램이 과거 체험에 의한 임팩트와 횟수로 이루어졌음을
깨닫고 아버지에 대한 생각이 달라졌다는 이야기도 했다.

　이전에는 내가 다른 부모 밑에서 태어났다면 완전히 다른 멋진 인
생을 보낼 수 있었을 것이라고 내내 생각했다. 20대 초반까지는 쓰레
기가 쌓여 있는 집에서 술과 도박에 찌들어 있는 아버지와 지낸 탓에,
나의 사고 프로그램도 어둡고 탁했다.

　하지만 훈련을 통해 나의 사고 프로그램은 꽤 단기간에 무색투명하
게 변화했다. '이런 부모님 밑에서 태어나서 멋진 인생을 보낼 수 있
게 되었다.'라고까지 생각하게 되었고, 진심으로 감사하는 마음을 가
질 수 있었다. 부모님에 대한 나의 해석이 리프레이밍된 것이다.

　하지만 마흔세 살 정도까지는 아버지에 대한 악몽을 자주 꾸곤 했

다. 매번 아버지와 서로 치고받고 싸우는 꿈이었다. 청년해외협력대원으로 과테말라에 부임했던 기간에도 그런 악몽은 끊이지 않았다. 그러므로 20~25년 동안 아버지의 몸에 상처를 내는 악몽을 정기적으로 꿨다고 할 수 있다. 아침에 일어나면 온몸이 땀으로 흠뻑 젖어 있어서 기분이 최악이었다. 꿈이므로 실제와는 다른 기억이겠지만, 역시 머릿속 어딘가에 혐오스러운 기억이 줄곧 남아 있고 그 기억을 스스로 무의식적으로 끄집어내고 있었던 것이다.

하지만 그 꿈도 위에 소개한 방법을 통해 완전히 없앨 수 있었다. 아버지는 아직 건장하시고 한 달에 한 번씩 만나지만, 그런 꿈은 더 이상 꾸지 않게 되었다. 표면적으로뿐만 아니라 잠재의식 속에서도 나에게 변화가 일어난 것이다.

⚡

훈련 ❸ | 하위 양식 변화 훈련을 통해 과거를 고쳐 적어라

과거 체험의 임팩트×횟수로 이루어진 사고 프로그램을 변화시키기 위해, 가장 먼저 외적 체험에 관한 감각의 정도를 수치화하고 기억을 끄집어내는 방식을 바꾸는 훈련을 소개했다. 이어서 과거의 멋진 체험을 의도적으로 추체험하는 훈련도 소개했다.

그 다음은 드디어 **과거의 기억을 고쳐 적는 훈련**이다. 이 훈련을 하위 양식 변화submodality change라고 하는데, 과거의 체험 자체에 손을 대서,

사고 프로그램을 대담하게 수정하는 훈련이라고 할 수 있다. 나는 이 훈련 덕분에, 가까이에 있는 사람(특히 아내)으로부터 징그럽다는 소리를 들을 만큼 놀라운 속도로 성격이 달라졌다.

이 훈련은 임팩트가 압도적으로 강하다. 하지만 서둘러서는 안 된다. 일단은 **훈련 ❷의 이미지 트레이닝으로 몰입하는 훈련을 충분히 쌓아야 한다.** 훈련 ❷를 지속하다 보면 부정적이었던 자신에게 '하면 된다.'라는 자그마한 자신감이 싹튼다.

그 자그마한 자신감을 가지고 '하위 양식 변화'에 도전하자. 처음부터 '내가 정말로 잘할 수 있을지 자신감이 없어'라는 불안을 품은 채 임팩트 강한 훈련을 하는 것은 아무 소용이 없다. 진정으로 효과를 실감하고 싶다면 **자신감을 가지는 것이 우선이다.**

오감 등의 감각기관을 통해 얻은 것을 양식modality이라고 부른다. 그 양식을 구성하는 소재 하나하나가 하위 양식submodality이다.

| 고쳐 적고 싶은 과거의 체험을 끄집어내어 몰입한다 |

일단 고쳐 적고 싶은 과거의 체험을 끄집어내서 몰입한다. 훈련 ❷에서와 같은 성공 체험이 아니라 고쳐 적고 싶은 과거 체험이기 때문에, 상사에게 호되게 혼난 체험, 진상 고객에게서 불합리한 클레임을 받은 사건, 실수를 연발해서 외톨이였던 젊은 시절 등 되도록이면 떠올리고 싶지 않은 기억을 떠올린다.

몰입 상태가 되어 깊이 맛보고 추체험함으로써 마음의 상처가 깊어질 우려도 있다. 그러므로 익숙해지기 전에는 감각의 정도가 −5점 미만인 과거 체험을 선택하는 편이 좋다. 친구와 사소한 말다툼을 했다거나 만원 전철에서 짜증을 낸 일 등 비교적 가벼운 체험부터 시도해 보자.

집중할 수 있는 환경을 만들고 여러 번 심호흡한 후 기분을 안정시킨다. 그리고 **오감을 충분히 활용해서 고쳐 적고 싶은 체험을 맛보고 몰입해 간다.** 머릿속에서 흘러가는 영상이 저절로 움직일 때까지 몰입한다.

| 당일의 상황을 상세히 떠올린다 |

예를 들어 전철 안에서 남에게 떠밀렸던 체험을 떠올린다고 하자.

당신은 양손에 무거운 짐을 들고 있었다. 무더운 여름에 비가 억수같이 쏟아지던 날이었다. 전철에 탄 사람들은 모두 땀을 뻘뻘 흘리며 우산을 쥐고 있었다. 눈앞에는 비에 젖은 중년 회사원이 서 있었고, 오른쪽에는 커다란 헤드폰을 낀 여고생이 불쾌한 표정을 짓고 있었다. 왼쪽에는 쇼핑봉투를 든 여성이 있었고, 그 옆에는 두 살쯤 되어 보이는 아이를 안고 서 있는 여성도 있었다. 차량 안은 숨 막힐 정도로 무더웠고, 당신은 이틀 전부터 감기까지 걸려서 기분이 매우 나빴다. 양손에 짐이 한가득 있었기에 손을 입에 대지 않고 기침을 하니, 주변의 따가운 시선이 느껴졌다. '마스크를 쓰고 올걸.' 하고 후회하던 그때, 갑자기 뒤에서 무언가가 쿵 부딪치며 당신의 등을 떠밀었다. 전철이 흔들려 균형을 잃은 남성의 몸이 부딪

친 것이다. 당신은 그 바람에 오른손에 든 짐을 떨어뜨렸고, 헤드폰을 낀 여고생은 얼굴을 찌푸리며 혀를 찼다.

이러한 체험을 고쳐 적어 보자. 과거를 고쳐 적는다는 해도 이미 일어난 사실을 왜곡할 수는 없다. 사실은 사실일 뿐이다. 하지만 그 사실로부터 받아들인 감각은 고쳐 적을 수 있다. 그럼 실제로 해 보자.

일단 이 내적 체험의 소재(하위 양식)를 **밝기, 색채, 동영상/정지 화면, 입체/평면, 거리 등 다섯 가지 기준으로 가공한다.**

| 밝기의 강약을 조절한다 |

핵심은 소재를 가공해 가는 과정에서 감각의 정도가 어떻게 변화해 가는지 객관적인 시점으로 관찰하는 것이다. 전철 안에서 떠밀리고 남들이 따가운 시선을 느꼈던 사건을 추체험하면 그 감각의 정도는 얼마나 될까? 이를 가령 −4점이라고 하자. 이어서 **밝기를 조절해**간다. 눈앞에 있는 영상의 밝기를 점점 높여 간다. 주위의 정경이 희미해지고 눈이 부실 때까지 밝게 만든다.

그러면 어떻게 될까? −4점이었던 감각이 더 악화되어 −5점이나 −7점이 될까? 아니면 기분 나쁜 감각이 완화되어 −3점이나 −2점으로 변화할까? 기분 나쁜 감각이 악화될지 완화될지는 개인차가 있다. **자신의 감각에 의식을 돌리고 감각의 정도를 수치로 표현**해 보자. 그다지 변화가 없다면 −4점을 그대로 두어도 상관없다.

감각의 정도를 기록한 후, 일단 처음의 밝기로 되돌아간다. 그리고 **이번에는 밝기를 줄여 나간다.** 머릿속에서 눈에 띄는 모든 것을 어둡게 만든다.

그러면 감각의 정도는 어떻게 될까? 기분 나쁜 감각이 약해져서 −3점이나 −2점으로 변화할까? 아니면 기분이 더욱 악화되어서 −5점이나 −6점이 될까? 나의 경우에는 밝게 만들어야 기분이 나아진다. 어떤 과거 체험을 끄집어내도 마찬가지다.

이 방법은 2~3점 정도를 개선하는 효과가 있다. −5점이 −3점으로, −3점이 0점 정도로 변화한다. 한편 어두워져야 기분이 나아지는 사람도 있다. 밝기를 아무리 변화시켜도 감각의 정도가 달라지지 않는 사람도 있다. 개인차가 있으므로 여러 가지 과거 체험을 끄집어내서 다양하게 시도해보기 바란다.

| 색채의 대비를 조절한다 |

이어서 **똑같은 정경에서 색채를 바꿔 보자.** 하위 양식을 변화시킬 때는 **반드시 원래 영상(체험)으로 일단 되돌리는 것이 중요하다.** 어두워진 채 혹은 밝아진 채 그대로 두면 안 된다. 모처럼 기분이 개선되었다면 원래대로 되돌리고 싶지 않겠지만, 이는 자신을 알기 위해 중요한 과정이므로 꼭 되돌리기 바란다.

이제 **과거 체험의 각 소재에 선명한 색을 칠해 보자.** 눈앞에 서 있는 중년 회사원은 어떤 옷을 입고 있는가? 넥타이를 맸는가? 넥타이는 무슨 색인가? 머리카락에는 새치가 섞여 있는가? 비에 젖은 옷은 무슨 색인가? 여고생이 낀 헤드폰은 무슨 색인가? 여성에게 안긴 아이는 어떤 색의 옷을 입고 있는가?

하나하나에 색을 칠해 본다. 정확하지 않아도 괜찮다. 순전히 추측으로 색칠해도 상관없다. 색을 칠하면서 어떤 감각을 느끼는지 확인하는 것이 목적이기 때문이다.

과거 체험에 색을 칠함으로써 기분이 나빠진다면 감각의 정도가 −6점이나 −7점이 될 것이다. 기분이 조금이라도 차분해진다면 −3점이나 −2점이 될 것이다.

다시 원래 영상으로 되돌린 후, 이번에는 색을 빼 보자. 즉 채도를 떨어뜨려 무채색에 가깝게 만드는 것이다. **최종적으로는 흑백 영상**이 될 것이다. 색을 칠하는 것보다는 간단하다.

이로써 한층 더 부정적인 감각에 빠진다면 −5점이나 −6점이 될 것이고, 감각의 정도가 개선된다면 −3점이나 −2점이 될 것이다.

그리고 **스스로 감각의 정도를 기록한다.** 변화하지 않는다면 변화하지 않는다고 적으면 된다.

나의 경우에는 흑백에 가까워질수록 기분이 나아진다. 밝기와 비교하면 색채라는 하위 양식이 나에게는 더 효과가 높았다. 여러분은 어떤가?

| 동영상/정지 화면을 전환한다 |

이어서 **동영상인 경우와 정지 화면인 경우에 각각 어떻게 변화하는지** 살펴

본다. 앞에서와 마찬가지로 변화한 감각의 정도를 기록한다.

과거 체험이 움직여야 마음이 편해지는지, 아니면 멈춰 있어야 기분이 개선되는지 알아보는 것이다. 나는 정지 화면일 때 효과가 단연 높았다.

| 입체/평면을 전환한다 |

그 다음은 **영상을 입체로 만들거나 평면으로 만들어서 감각의 변화를 살펴본다.** 사물을 입체적으로 바라볼 때와 평면으로 파악할 때는 받아들이는 감각이 서로 다를 것이다.

입체적으로 받아들이면 현실감이 높아진다. 그러나 평면적으로 인식하면 텔레비전 영상을 보는 듯한 기분이 든다.

입체일 때와 평면일 때의 감각 차이를 잘 찾아내 보자.

| 거리를 조절한다 |

마지막으로 거리다. **정경을 재현할 때 어느 위치에서 영상을 바라보는지 생각한다.**

비에 젖은 중년 회사원이나 커다란 헤드폰을 끼고 불쾌한 표정으로 당신을 흘겨보는 여고생이 바로 눈앞에 있는 경우와, 현실적으로는 있을 수 없지만 **1미터 정도 카메라를 쭉 빼고 바라보는 경우**를 비교해 보자.

아마도 거리라는 하위 양식을 변화시키는 경우에는 개인차가 적을 것이다. 대부분의 사람은 거리를 두고 정경을 바라볼 때 기분이 완화된다. −4점이었던 것이 −2점이나 −1점으로 변화한다.

거리를 5미터, 10미터로 더 늘리면 어떻게 될까? 각각의 감각 수치를 파악해 보자. 눈앞에 서 있던 사람들의 표정마저 알 수 없게 되는 장소까지 멀어지면 더 이상 아무것도 느껴지지 않게 된다. 즉 감각의 정도가 0점에 가까워지는 셈이다.

| 효과적인 가공법을 조합한다 |

마지막으로 지금까지 살펴본 다섯 가지 가공 방법 중, **자신의 기분을 가장 개선해 주는 방법을 골라 조합한다.**

예를 들면 영상을 어둡게 하고, 흑백으로 만들고, 정지 화면으로 만들고, 100미터 떨어져서 바라보는 방법을 조합한다. 이렇게 여러 방법을 조합하면 감각의 정도를 0점에 가까운 상태로 만들 수 있다.

0점이 되어서 **더 이상 아무런 감각도 일어나지 않는다는 점을 확인한다면, 가공한 정경을 머릿속에서 사진으로 인화한다. 그리고 그 사진을 액자에 넣는다.**

마음을 가라앉히고 집중해서 위와 같은 일련의 과정을 밟는다면 과거 체험을 고쳐 적을 수 있다. 단순히 영상을 구성하는 소재(하위 양식)를 바꾸는 방법일 뿐이지만, 머릿속에서 그렇게 가공한 정경을 일단 인화해 둔다면 나중에 그 기억을 떠올릴 때 이미 가공이 끝나 액자 속에 담긴 기억이 상기될 것이다. 그러면 불쾌한 과거를 추체험할 일이

과거를 고쳐 적는 '하위 양식 변화' 훈련의 절차

❶ 고쳐 적고 싶은 과거 체험을 끄집어내서 몰입한다.

몰입의 방법과 요령은 훈련 ②와 동일하다.

핵심 • 익숙해지기 전에는 감각의 정도가 −5점 미만인 과거 체험을 고른다.

❷ 당일의 상황을 상세히 떠올린다.

오감을 충분히 활용해서 구체적인 정경을 떠올리고 몰입해 간다. 머릿속에서 흘러가는 영상이 저절로 움직일 때까지 몰입한다.

❸ 밝기의 강약을 고쳐 적는다.

현재 추체험하고 있는 감각의 정도를 수치화한다. 눈앞에 있는 영상의 밝기를 눈부실 만큼 높인다. 그때의 감각을 수치화한다. 원래 밝기로 되돌리고, 이번에는 밝기를 줄인 후 그 감각을 수치화한다.

❹ 색채의 대비를 고쳐 적는다.

원래 밝기로 되돌린 후, 똑같은 정경에서 색채를 바꾼다. 하나하나에 색을 칠해 가며 그때의 감각을 수치화한다. 원래 영상으로 되돌리고 이번에는 색을 뺀다. 최종적으로는 흑백 영상으로 만든다. 그때의 감각을 수치화한다.

❺ 동영상/정지 화면을 전환해 고쳐 적는다.

동영상으로 만들고 그 감각을 수치화한다. 정지 화면으로 만들고 그 감각을 수치화한다.

❻ 입체/평면을 전환해 고쳐 적는다.

입체로 만들고 그 감각을 수치화한다. 평면으로 만들고 그 감각을 수치화한다.

❼ 거리를 고쳐 적는다.

1미터 정도 카메라를 쭉 빼고 정경을 바라보면서 그 감각을 수치화한다. 거리를 5미터, 10미터로 늘리고 각각의 감각을 수치화한다. 최종적으로 눈앞에 서 있는 사람의 표정마저 알 수 없는 장소까지 멀어진다.

❽ 효과적인 가공법을 조합해서 그 정경을 액자에 넣는다.

다섯 가지 가공 방법 중, 자신의 기분을 가장 개선해 주는 방법을 골라 조합한다. 더 이상 아무런 감각도 일어나지 않는다는 점을 확인한다면, 가공한 정경을 머릿속에서 사진으로 인화한다. 그리고 그 사진을 액자에 넣는다.

줄어들고, 사고 프로그램이 부정적으로 바뀌는 것을 억제하는 효과도 있다. 이것이 기억을 고쳐 적는 '하위 양식 변화'라는 훈련이다.

$$\text{⚡}$$

우위 감각을 이용한다

덧붙여, 가공 방법은 우위 감각(VAK)을 통해 다양하게 변형할 수 있다.

예를 들어, 앞에서는 **시각 정보(V)**만으로 가공했지만, **청각 정보(A)**를 사용해서 가공해도 된다. 소리의 크기, 소리의 높낮이, 소리의 리듬, 소리와의 거리 등의 소재(하위 양식)를 변화시키는 것이다. **체감각 정보 (K)**라면 피부로 느끼는 더위, 습한 느낌, 무게, 냄새, 맛 등, 그 체험을 구성하는 요소(하위 양식)를 전부 추출해서 자유롭게 변화시킨다.

내가 이전에 트라우마가 생길 만큼 기분 나쁜 체험을 '하위 양식 변화' 훈련으로 수정했을 때는 영상을 정지 화면으로 바꾸고, 눈부실 정도로 밝게 만들고, 10미터쯤 거리를 두고, 흑갈색으로 만들어서 액자에 넣었다. 그리고 내가 좋아하는 악곡이 흘러나오게 만들었다.

이전에는 그 기분 나쁜 체험이 문득 머릿속을 스칠 때마다 마음이 우중충해졌지만, 그렇게 가공한 후로는 그 체험을 아무리 떠올리려고 해도 내가 좋아하는 악곡이 흘러나오면서 액자에 넣은 흑갈색 영상만 이 떠오를 뿐이었다. 매우 신기한 느낌이었다.

이처럼 과거의 기분 나쁜 체험이나, 지금의 사고 프로그램을 만들어 냈을 사건들을 하나하나 수정해감으로써 나의 사고 프로그램 자체가 변화해 갔다.

⚡

사실을 없애는 것이 아니라 그 당시의 감각을 잊게 만든다

아무리 부정적인 체험이라도 10년이나 20년이 지나면 하나의 좋은 추억처럼 인식할 수 있다. 하지만 한 주 전이나 한 달 전의 사건이라면 아무리 스스로를 달래 보아도 추체험할 때마다 기분이 가라앉는다. 이전에는 자신감이 있던 분야에서도 점점 도전하고자 하는 의욕을 잃어버린다. 약해져 가는 자신에게 혐오감이 솟아나고 더욱 부정적인 사고 프로그램을 만들어 낸다. **하위 양식 변화 트레이닝은 이러한 악순환을 멈추는 역할**을 한다.

나의 경우에는 하위 양식 변화 훈련을 여러 번 거듭한 결과, 과거의 부정적인 사건이 사라진 것처럼 느껴졌다. 하지만 과연 그럴까?

나를 부정적인 사고에 빠뜨렸던 과거의 사소한 사건은 지금 떠올리려 해도 좀처럼 떠오르지 않는다. 남들이 그 사건에 관해 말해 주면 뇌의 기억 장치에서 끄집어낼 수 있을지는 모른다. 하지만 그것은 "지난주 월요일 밤에 먹은 생선은 뼈가 약간 많았어."라는 말을 듣고 "그랬었나?" 하고 회상하는 정도로 임팩트가 작은, 아무래도 상관없는 사항일 뿐이다. "이전에 회의에서 부장님이 한 말은 신경 쓰지 않아도 돼. 부장님도 말을 심하게 했다고 후회하고 있는 것 같으니까."라는 말을 듣고도 "부장님의 말은 기억하지만, 애초에 그렇게까지 신경 써야 할 일이었나?"라고 받아들일 정도가 되었다. 이러면 성공이다.

과거의 기억을 떠올리기 어렵게 되었다고 해도, 그 체험 자체가 기억에서 사라지는 것은 아니다. 그런 기억상실 상태로 만들 수는 없다. **사실은 기억에서 지우기 어렵다.** 다만 그때 **선명하게 느낀 감각을 잊게 만드는 것은 가능하다.**

⚡

벗어나겠다는 마음을 먹는 일

내가 어택스라는 컨설팅 회사에 입사하고 나서 일이 좀처럼 들어오지 않았기 때문에, 1년에 30회의 세미나를 개최하겠다고 공언했다. 인지도가 없어서 무료로 개최해도 4~5명밖에 모이지 않는 내 세미나는 횟수를 거듭해도 별달리 상황이 개선되지 않았다. 세미나를 통해 경영 상담을 받거나 컨설팅 업무가 들어오는 일이 없었다. 시간과 노력이 들 뿐 아니라, 세미나 소식을 공지하고 장소를 확보하는 데는 돈도 들어간다. 잡다한 비용을 투자해도 기대하는 성과를 전혀 올리지 못해서 자신감이 뚝 떨어졌다. 자신감을 잃은 컨설턴트의 세미나는 타인의 마음을 움직일 수 없다. 아무리 세미나를 거듭해도 개별 상담을 받는 건수는 늘어나지 않았다. 앞이 보이지 않는 나날이 쭉 이어졌다. 애초에 히타치제작소에서 시스템 엔지니어로서도 전혀 성과를 내지 못하던 내가 60년 이상의 역사를 지닌 컨설팅 회사에서 영업을 주제로 한 컨설팅 업무를 할 수 있을 리가 없었다. 누구나 그렇게 생각했다. 세미나 중에도 전혀 반응이 없고, 도중에 세미나실을 나가는 수강자도 있었다. 그럴 때면 나는 다시 일어설 수 있을까 싶을 만큼 풀이 죽은 상태로 온종일을 보냈다. 아무리 준비하고 연구해도 보상받지 못하니 다음 세미나를 준비할 기력도 사라지고 말았다. 한 명이라도 더 많은 사람을 세미나로 끌어들이겠다는 의욕도 거의 없는 것이나 마찬가지였다.

"낙담하고 있을 때가 아니야. 앞을 향해 나아가야 해."

당시의 나를 본 사람들은 그렇게 조언했다. 그런데 머리로는 알고 있지만 기분이 내키지 않았다. 아무리 스스로를 달래 보아도 그런 감각은 변함이 없었다. 나는 둔한 사람이 아니다. 둔감력이 높지 않은 나는 바닥이 어디인지 모를 만큼 추락해 갔다. '왜 서른다섯이라는 나이에 히타치제작소에 사표를 내 버렸을까? 들어가고 싶어도 쉽게 못 들어가는 회사인데, 왜 그런 짓을……..'

부정적으로 생각하기 시작하니 끝이 없었다. 아무리 고민해도 바꿀 수 없는 일을 끊임없이 물고 늘어지며 반추했다. '이제 와서 그런 말 해 봤자 소용없잖아.', '그런 고민을 해서 얻을 건 하나도 없어.'라고 스스로를 달래다가 무의식중에 또 한숨을 내쉬는 일이 끝없이 반복됐다.

그런 나날 속에서 나를 구해준 것은 친구도 직장 선배도 아닌, '하위 양식 변화' 훈련이었다. **사실은 사실로서 받아들인다.** 하지만 생각해봤자 소용없는 부정적인 감각을 계속 품고 있으면 좋지 않다. **'하위 양식 변화' 훈련을 활용해 추체험하고 싶지 않은 과거의 인식을 꾸준히 고쳐 적기 시작했다.** 그리고 과거에 얽매이지 않고 세미나 개최에 힘쓰게 되었다.

연간 30회의 세미나를 개최하는 데 성공한 다음 해부터 연간 100회의 세미나 개최를 목표로 내세웠다. 한 주에 두 번꼴이었다. 그리고 실제로 100회의 세미나 개최를 훌륭히 달성했고, 그 이후로는 2018년 현재까지 한 해도 빠짐없이 1년에 100회의 세미나를 꾸준히 열고 있다.

훈련 뒤에도, 세미나 평가지에 커다란 ×를 받았을 때는 충격적이었다. 하지만 며칠 후에는 그 사건에 대해 아무런 감정도 품지 않게 되었다. '하위 양식 변화' 훈련을 꾸준히 지속한 덕분에, 반성할 부분은 확실히 반성하고 앞을 향해 적극적인 개선·개량을 지속할 수 있었던 것이다. 한 번에 1퍼센트가 개선된다면, 백 번에 100퍼센트가 개선된다.

나는 영업 경험이 없었다. 하지만 경험이 없기 때문에 더더욱 혁신적인 발상을 할 수 있었다고 자부한다.

⚡

이제, 새로운 신뢰 관계를 구축하자

이 책을 드디어 마무리할 때가 왔다. 마지막으로 신뢰 관계에 관해 이야기하겠다. 이 책에서는 '변화에 흔들리지 않는 강한 사람이 되기 위해서는 자신을 변화시켜 가는 것이 필수'라는 전제하에 새로운 자신이 탈바꿈하기 위한 지식이나 기술을 다양하게 설명했다. 이 책을 계기로 변화를 결심한 독자가 한 명이라도 늘어나기를 바랄 뿐이다.

회사 조직에서 2:6:2의 법칙의 중간층에 있던 사람이 의식을 변화시키고 상위층으로 올라가려고 하면 그때까지 친했던 동료들로부터 "너, 요즘에 너무 열심히 일하는 거 아냐?"라고 놀림을 당한다. 그 사람들과 그때까지 신뢰 관계를 구축해 왔던 만큼 그런 말을 들으면 아무리 농담이더라도 마음에 쿵 못이 박힌다. 그들이 자신을 뜯어말리는 세력이 되어 버리면 마음을 독하게 먹고 거리를 둘 필요도 있을 것이다. 친한 사람과 거리를 둔다는 것은 쓸쓸한 일이므로 신뢰 관계를 유지한 채 자신만 변화한다면 가장 좋겠지만, **인생이라는 이야기의 주인공은 나**라는 인식을 잊어서는 안 된다.

하지만 **가족과의 관계만큼은 절대 흐트러놓아서는 안 된다.** 가장 가까이에 있는 사람의 생활 습관, 언동, 사고방식이 순식간에 달라지는 모습을 보는 가족은 걱정스러워하는 게 당연하다. 그런 가족의 생각을 이해해 주고, 대화를 많이 나누어 불안감을 해소해 주어야 한다. 위화감을 조금이나마 덜어 주려는 노력을 아끼지 말아야 한다.

　마지막으로 꼭 덧붙이고 싶은 말이 있다. **새로운 자신으로 변화해 갈 때 가장 신뢰해야 할 대상은 바로 당신 자신이다.** 결국 스스로 자신감을 지니지 못하는 사람은 자신에게 신뢰감이 없는 사람이다. 자신을 신뢰하지 않으면 안심과 안전의 욕구가 충족되지 않아 위화감을 느낀다. 무언가 새로운 일을 하려고 하거나 새로운 사람과 만나려고 할 때 마음이 불편하다면, 그것은 안심과 안전의 욕구가 충족되지 않았기 때문이다. 그런 상태에서는 미래에 대한 희망을 품을 수 없다. 자신의 단점에만 초점을 맞추지 말고, 장점에도 눈을 돌리자. 무의식적으로 **자신의 장점이나 과거의 성공 체험을 끄집어내는 뇌로 개조해 나가자.** 그렇게 하면 분명히 자기 자신과 바람직한 관계를 구축할 수 있을 것이다.

끝까지 읽어 주셔서 진심으로 감사드린다. 내가 '절대 달성 사장의 모임'을 시작한 것은 마흔다섯 살 때였다. 단기간에 이렇게까지 크게 성장하고 다양한 사람들과 친분을 맺게 될 줄은 생각지도 못했다. 무언가 새로운 일을 시작하면 인생은 재미있어진다고 늘 생각한다.

나는 지금 마흔아홉 살이다. 만약 서른 살의 나에게 "19년 후에 뭘 하고 있을지 상상해 봤어? 회사를 경영하면서 영업 컨설턴트로 일하고 있을 거야."라고 말한다면 어떻게 반응할까? 서른 살의 나는 그 말을 듣고 너무나 어이가 없어서 말문이 막히거나 큰 소리로 웃을 것이다.

하지만 지금은 나의 변화를 즐기고 있는 만큼, 19년 후인 예순여덟 살의 내가 나타나서 "너는 장래에 싱가포르에 살면서 부동산업을 하고 있을 거야."라든가 "너는 인도에서 5,000명의 종업원을 거느린 IT 기업을 총괄하고 있을 거야."라고 말해도, 놀라기는 하겠지만 "왜?" 라고 되묻지는 않을 것이다.

분명히 어떠한 인연이 닿아서 그렇게 될지도 모른다. 나에게 그런 미래가 기다리고 있다면 그것은 그것대로 받아들일 수밖에 없다. 지금 어디에 살고, 어떤 일을 하고, 어떤 목표를 가지고 있는지와는 상관이 없는 일이다.

그보다는 미래의 나와 만날 수 있다면 묻고 싶은 것이 하나 있다.

"지금의 나보다 행복해?"

그 질문에 미래의 내가 "음, 적어도 지금의 너보다는 행복해."라고 말해 준다면 나는 만족스럽다. 어떻게 그런 미래가 되었는지에 관한 자세한 이야기는 묻고 싶지 않다. 미래를 다 알아 버리면 재미없으니까.

당신도 만약 미래의 자신과 만나서 '몇 십 년 후에 전혀 다른 일을 하고 있고, 전혀 다른 곳에서 생활하지만 아주 행복하다.'라는 말을 듣는다면 마음이 훈훈해지지 않을까?

이 책에서 소개한 여러 가지 기술과 지식을 활용해서, 여러분이 변화에 흔들리지 않는 강한 자신으로 다시 태어나 각본 없는 인생을 충분히 즐길 수 있기를 바란다.

요코야마 노부히로